Swapnil D. Waghmare
Ratnadeep R. Deshmukh
Babasaheb S. Sonawane

Sistema de reconhecimento de palavras numéricas em Marathi gaguejadas e faladas isoladamente

Swapnil D. Waghmare
Ratnadeep R. Deshmukh
Babasaheb S. Sonawane

Sistema de reconhecimento de palavras numéricas em Marathi gaguejadas e faladas isoladamente

ScienciaScripts

Imprint

Any brand names and product names mentioned in this book are subject to trademark, brand or patent protection and are trademarks or registered trademarks of their respective holders. The use of brand names, product names, common names, trade names, product descriptions etc. even without a particular marking in this work is in no way to be construed to mean that such names may be regarded as unrestricted in respect of trademark and brand protection legislation and could thus be used by anyone.

Cover image: www.ingimage.com

This book is a translation from the original published under ISBN 978-620-2-06633-4.

Publisher:
Sciencia Scripts
is a trademark of
Dodo Books Indian Ocean Ltd. and OmniScriptum S.R.L publishing group

120 High Road, East Finchley, London, N2 9ED, United Kingdom
Str. Armeneasca 28/1, office 1, Chisinau MD-2012, Republic of Moldova, Europe
Printed at: see last page
ISBN: 978-620-7-90887-5

Índice

1. Introdução

A gaguez tem sido chamada um enigma. É um complicado puzzle multidimensional em que ainda faltam muitas peças. É também um problema pessoal, social e científico com muitas incógnitas.

-Van Riper

1.1 Introdução ao reconhecimento de fala gaguejada

A fala é o meio biológico mais eficaz e desenvolvido para expressar sentimentos, ideias e pensamentos através da comunicação verbal interpessoal. A fala contém uma descrição acústica patológica precisa e uma descrição linguística de fundo que consiste num conjunto de informações, que não se limita ao verbal, mas também ao estado emocional e à intenção. A produção de um discurso fluente requer a combinação de processos cognitivos, linguísticos e motores [1, 2, 3, 4, 5].

O principal objetivo da fala é transmitir mensagens sob uma forma linguística e consiste na articulação, na voz e no padrão de fluência. Por vezes, o discurso torna-se ininteligível para algumas pessoas devido a alguma perturbação. Estas disfluências no discurso afectam gravemente o desempenho do sistema de reconhecimento automático do discurso (ASR) e tornam esse sistema inutilizável para o utilizador que sofre de perturbações do discurso. O estudo das disfluências para o sistema e a análise baseados na fala tem ganho mais atenção no domínio dos cuidados de saúde, militar, segurança e cenários de aprendizagem automática.

Este relatório de estudo incide sobre as perturbações da fala observadas no ser humano. O capítulo está dividido em seis secções. A secção f apresenta a introdução e a secção ∏ explica o que é a perturbação da fala e apresenta definições padrão e diferentes categorias de perturbação da fala observadas no ser humano. A secção III dá uma ideia sobre várias bases de dados de fala gaguejada desenvolvidas por instituições de todo o mundo. A Secção IV elabora os vários modelos acústicos que são estabelecidos para o reconhecimento. A Secção V discute as várias características da fala e da ausência de fala. A Secção VI apresenta as conclusões. [6, 7, 8, 9].

1.1.1 As perturbações da linguagem incluem as seguintes perturbações.

i) Desorganização:

A perturbação de desordem preocupa-se com a falta de conhecimentos linguísticos. O ritmo rápido com quebra de fluência, mas não inclui repetição ou hesitação. O discurso é errático e disrítmico, a pessoa que se desorganiza está a pensar e a desorganizar-se enquanto fala, devido à desorganização do seu discurso em rajadas ou em sons rápidos e espasmódicos. A perturbação da fala inclui as seguintes perturbações.

ii) Aprexia (Dispraxia):

A Aprexia é identificada como uma perturbação oral-motora da fala. Trata-se de uma perturbação grave do desenvolvimento da coordenação motora que não é explicável apenas em termos de atraso intelectual geral. Nesta perturbação, o doente tem problemas de movimento muscular e dificuldade em formular os sons da fala em palavras.

iii) Perturbação da articulação:

A articulação é conhecida como desordem articular, a pessoa que tem dificuldades em pronunciar o som da fala está abaixo do nível adequado da sua idade mental. As causas funcionais são a dificuldade em produzir corretamente os sons dos fonemas da fala.

iv) Gaguejar:

Ao entrar na gaguez, esta engloba três tipos de sintomas: *linguísticos* (perturbação do fluxo da fala, como flutuação súbita do ritmo padrão, quebra de fonação, repetição involuntária, prolongamento, atraso estranho, produção de som adicional.), *psicológicos* (medo da fala rodeado de um medo particular de falar, falta de entusiasmo, falta de vontade de falar, também conhecido como logo-fobia) e *neurofisiológicos* (acompanhados de contradição muscular involuntária, descoordenação de vários músculos articulatórios, respiratórios e fonéticos, controlo motor) [10,11,12,13,14,15].

1.2 Discurso gaguejado

A fala não soa de uma forma suave; é perturbada por uma desordem de etiologia não especificada. É comummente assumido que a gaguez é consequência da coesão de reacções biológicas [16], psicológicas e até sociais. A voz é portadora de várias características acústicas e linguísticas, como o tom básico, a frequência subsequente do formante, etc. Cada indivíduo envolve um fluxo diferente de fala, ritmos [17] determinados pela estrutura e disposição da laringe, faringe, atividade oral e nasal, seios paranasais e tórax. A descrição da gaguez ainda não é consensual, apesar do grande número de investigações efectuadas. As línguas faladas influenciam a comunicação entre os seres humanos. A fala tem a capacidade de ser usada como modo de interação com o computador [18,19,20]. Os seres humanos têm sido motivados a desenvolver um sistema que possa entender e reconhecer a voz para a fala normal. Com base em pesquisas anteriores, encontrámos tipos de gaguez.

1.2.1 Tipos de gaguez

(i) Desenvolvimento da gaguez:

A gaguez desenvolvimental é muito comum nas crianças, que não conseguem dominar as suas capacidades verbais, uma vez que os seus processos de fala e de linguagem se encontram numa fase de subdesenvolvimento.

(ii) Gagueira Neurogénica:

A gaguez neurogénica é causada por uma perturbação entre o controlo motor, os nervos e a contradição muscular.

(iii) Gagueira psicogénica:

A gaguez psicogénica está diretamente relacionada com o stress mental dos pacientes e com os seus comportamentos de fala [21, 22].

No Reino Unido, a gaguez é identificada como gaguez e pode ser considerada uma perturbação muito grave e complexa na patologia da fala. De acordo com o cenário global, ocorre em aproximadamente 1% de toda a população e verificou-se que afecta

1:3 ou 4 vezes a proporção entre mulheres e homens. Esta disfluência pode causar dificuldades na comunicação linguística interpessoal, bem como relutância em falar, sentimento de culpa e baixa autoestima [23].

A Organização Mundial de Saúde (OMS) reconhece a gaguez com o código *F98.5*, e finaliza a definição estável como uma fala com *repetição frequente ou prolongamento de sons ou sílabas ou palavras, ou por hesitações frequentes ou pausas que perturbam o fluxo rítmico da fala*. É evidente, a partir do levantamento da literatura passada e atual, que a gaguez pode ser avaliada como um distúrbio genético desde 1930 [24] e emprega várias disfluências diferentes: interjeição, revisão, repetição, prolongamentos e bloqueios.

- Interjeição:

São sons, palavras, sílabas ou frases estranhas insignificantes que não alteram o significado da frase original. Depende da língua, em inglês "um, uh, well, like" ocorrem frequentemente. Por exemplo: The baby um- um- uh was um um hungry. As interjeições são também conhecidas como pausas preenchidas ou fillers.

- Revisões:

Ocorre quando o orador corrige o conteúdo ou a estrutura gramatical das frases. Pode alterar o significado da mensagem original. Um exemplo de revisão são palavras quebradas, frases como "I'd like to chang... I'll modify...."

- Repetição:

Ocorre quando uma parte da frase é involuntariamente dita mais do que uma vez. Existem dois fenómenos de repetição: o primeiro é a repetição de sílabas: Uma sílaba ou som é repetido no início das palavras. Por exemplo: "I had a c-c-c-coffee". Outro fenómeno é a repetição de palavras: Exemplo: "The baby-baby had the soup".

- Prolongamento:

Prolongar indevidamente os sons ou a sílaba, por exemplo: muuuuummmy has gone there.

- **Palavras quebradas:**

Quando o locutor tenta pronunciar uma sílaba com demasiada força e quebra a palavra inteira com uma pausa. Exemplo: "It was won [pause]derful" [25,26,27].

A atividade da laringe e do cérebro dos doentes que gaguejam foi estudada pela Dra. Freeman, patologista da fala do Centro Médico da Universidade do Texas, que descobriu que a fala normal é afetada pelo mau funcionamento do músculo da laringe, que controla rapidamente a transição entre a abertura e o fecho das cordas vocais. O comprometimento muscular está associado a um menor fluxo sanguíneo, havendo um aumento ou uma diminuição da atividade eléctrica na região do cérebro envolvida na produção da fala [28]. A Figura 1 ilustra as estruturas envolvidas na produção da fala e da voz.

Numa investigação levada a cabo pelo Dr. Awad, observou-se que a gaguez não pode ser completamente curada, mas pode entrar em remissão ao longo do tempo. As pessoas que gaguejam podem ultrapassar a disfluência da fala moldando o ritmo, o volume ou a duração da sua emissão e aprendendo a controlar a fluência da fala sob a supervisão de um tratamento adequado de patologia da fala. Nalgumas investigações, as medidas motoras obtiveram bons resultados, mas, por outro lado, as indicações audiovisuais são utilizadas para classificar melhor a ocorrência da gaguez. O estudo realizado por Archibald e de Nil utilizou medidas cinemáticas, que observam o movimento da mandíbula, para medir a relação entre as deficiências motoras da fala e a gravidade da gaguez, o que ajuda a diferenciar entre falantes fluentes e gagos [29]. Do ponto de vista acústico, a fala desordenada pode ser analisada através do processamento do sinal elétrico. O resultado desta análise extrai a informação sobre o processo de articulação e pode formar a base para o diagnóstico do paciente [30, 31].

No início da gaguez, a repetição e o prolongamento são as disfluências mais comuns, ao contrário dos outros tipos de disfluência. Por isso, são normalmente utilizados no processo de avaliação da gaguez para analisar o desempenho da gaguez antes e depois da terapia. Convencionalmente, os patologistas da fala (SLP) são empregues para contar as disfluências, medir a gravidade e classificar o episódio de gaguez manualmente, para acompanhar a melhoria do tratamento. Estes tipos de avaliação da gaguez são subjectivos, inconsistentes, demorados e propensos a erros [32, 33].

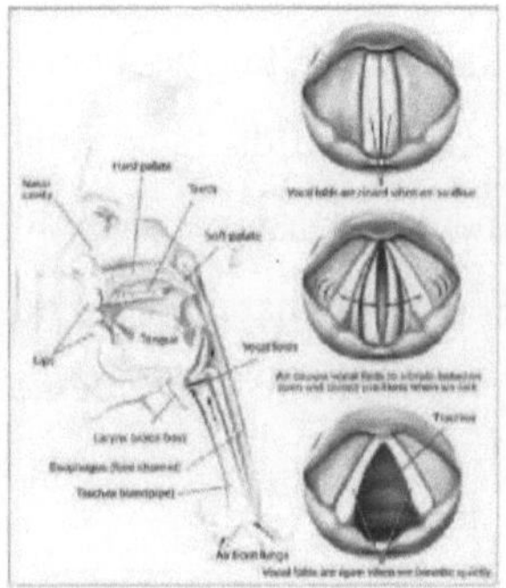

Figura 1.1: Estruturas envolvidas na produção da fala e da voz.

Por conseguinte, seria preferível que a avaliação da gaguez pudesse ser efectuada automaticamente, de modo a obter o máximo de tempo para a sessão de tratamento. Um dos aspectos importantes da deteção de disfluências na tecnologia da fala é a acumulação do sistema ASR para diminuir o erro de reconhecimento. Nas duas últimas décadas, devido ao moderno sistema eletrónico multimédia de ponta, muitos investigadores podem ser úteis para desenvolver métodos, procedimentos e normas objectivos para o reconhecimento de disfluências, identificar parâmetros característicos da fala e síntese de voz e também desenvolver diferentes dispositivos de gaguez baseados no Feedback Auditivo Alterado, nomeadamente Delayed Auditory Feedback (DAF), Frequency Shifted Auditory Feedback (FAF)$_5$ e Masked Auditory Feedback (MFA) e também o Digital Speech Aid (DSA) é amplamente utilizado para reabilitar a gaguez e facilitar o SLP durante a terapia [34,35,36,37]. A Figura 2 mostra o diagrama de blocos geral do reconhecimento da gaguez. *Kuniszyk-Jozkowiak* comparou os envelopes de fala de falantes fluentes e gagos [38]. As técnicas mais frequentemente utilizadas para facilitar a fluência da fala são designadas por: *modelação da fluência e modificação da gaguez* [39].

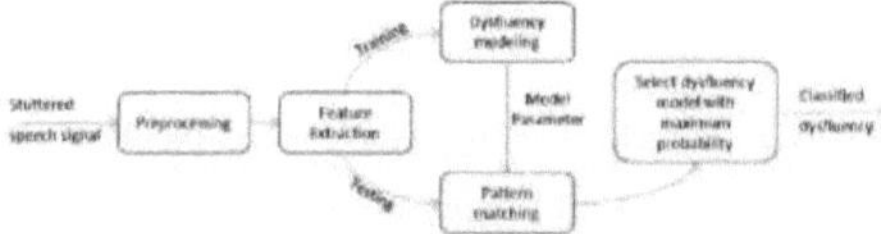

Figura 2: Diagrama de blocos geral do sistema de reconhecimento da gaguez.

1.1.2 Modelação da fluência

A modelação da fluência centra-se nas capacidades de controlo motor da fala do falante e aplica várias abordagens para facilitar novos padrões de produção da fala. Uma desvantagem deste método é que não incorpora os sentimentos e as reacções do indivíduo à perturbação [40]. Para além disso, Guitar e Peters afirmaram que, ao utilizar este método, a fala se torna monótona e artificial à medida que o cliente se esforça por obter uma fala fluente [41].

1.1.3 Modificação da gaguez

O objetivo da modificação da gaguez é reduzir os comportamentos de evitamento relacionados com a fala, as atitudes negativas e os medos. Isto pode ser feito habilmente, reduzindo os comportamentos de luta, a tensão e o ritmo da gagueira. A Organização Mundial de Saúde (OMS, 2001) não considera o tratamento eficaz porque não reduz o nível de incapacidade [42].

1.3 Base de dados de discurso gaguejado

Foram desenvolvidas várias bases de dados para a fala gaguejada para fins de diagnóstico e reconhecimento, mas a maior parte do trabalho foi efectuada na base de dados UCLASS. Seguem-se os pormenores da base de dados de fala desenvolvida para efeitos de reconhecimento e análise da fala gaguejada.

1.3.1 UCLASS Base de dados de discurso gaguejado

Uma base de dados de fala gaguejada espontânea da língua inglesa foi desenvolvida para estabelecer as propriedades acústicas em várias áreas de aplicação da investigação e para a formação de clínicos sobre as características, bem como para investigar a linguagem e o comportamento da fala do falante gago, no Departamento de Psicologia da University College London (UCL), ao longo dos últimos 20 anos, financiada pelo Wellcome Trust [43], conhecida como UCLASS, ou seja, UCL Archive of Stuttered Speech. O UCLASS foi lançado nas versões 1 e 2, que estão em linha e são de acesso livre desde 2004, para comparar os resultados do trabalho em todo o mundo. A versão

1 do UCLASS contém gravações de monólogos, inclui 18 mulheres e 120 homens, cujas idades variam entre os 5 anos e 4 meses e os 47 anos. A versão 2 do UCLASS consiste em três tipos de gravação: monólogos, leitura e conversação espontânea. As amostras são escolhidas de modo a abranger um vasto leque de idades, desde os 5 anos e 4 meses até aos 20 anos e 7 meses. A amostra de discurso com o conteúdo de "Mais uma semana para a Páscoa" e "Artur, o rato", cada uma destas duas passagens contém mais de 300 palavras (90% do seu conteúdo é constituído por palavras monossílabas). A maioria dos registos na UCLASS é de crianças em idade escolar que foram encaminhadas para clínicas em Londres. A base de dados está disponível em formato wav, mp3, SFS, CHILDES e PRAAT. A Tabela 2.1 apresenta a descrição pormenorizada da base de dados UCLASS [44, 45].

Versão	Tipo de amostra[e]	Idade	Género	
			Masculino	Feminino
Versão 1	Monólogo	5 anos 4 meses - 47 anos 0 mês	120	18
Versão 2	Monólogo	7anos 10 meses - 20 anos 1 mês	76	6
	Leitura	7 anos 10 meses - 20 anos 7 meses	93	15
	Conversão	5 anos 4 meses - 20 anos 7 meses	110	18

Quadro 1.1. Base de dados UCLASS

1.3.2 Língua polaca

Foi desenvolvida uma base de dados de fala gaguejada da língua polaca para o reconhecimento e a categorização de várias perturbações da fala, como bloqueios, repetições de sílabas e prolongamentos, no Departamento de Física da Universidade de Ciências da Vida, Lublin, Polónia. Esta base de dados de fala em língua polaca é constituída por 33 falantes fluentes e não fluentes (disfluência), dos quais 153 enunciados com fragmentos de 4 segundos de gravações de 19 pacientes com disfluência foram diferenciados de acordo com o sexo e os grupos etários que foram seleccionados para análise. Estas sílabas foram gravadas em várias fases da terapia e em duas situações: leitura de histórias e ilustrações. As gravações foram efectuadas em recusos acústicos com frequência de 22050Hz. O tamanho do vocabulário da base de dados de polimento é apresentado na tabela 1.2.

1.3.3 Língua Sotho do Norte

A Universidade do Limpopo, Sovenga, África do Sul, desenvolveu uma base de dados de disfluência da fala da língua Sotho do Norte, uma das onze línguas oficiais da África do Sul, para melhorar o sistema de reconhecimento automático da fala existente para as pessoas com distúrbios da fala na África do Sul. Esta base de dados contém 1642 sílabas de discurso de vários grupos etários disponíveis no Centro de Excelência para a Tecnologia da Fala. São utilizados scripts Perl e Bash para a implementação da linguagem. O principal objetivo subjacente à recolha da fala destas línguas é desenvolver um sistema de interação da fala e a síntese da fala para onze línguas oficiais da África do Sul [46].

Tipos de gaguez	Não fluente (Paciente)		Orador fluente	
	Género	Idade	Género	Idade
Blocos	9Masculinos, 2Femininos	10y-23y	4Masculinos, 4Femininos	22y-50y
Repetições de sílabas	4Masculinos, 2Femininos	11y-23y	4Masculinos, 2Femininos	22y-53y

| Prolongamento | 6Masculino, 0Feminino | 10y-25y | 2Masculinos, 2Femininos | 24 anos-51 anos |

Quadro 1.2: Base de dados de discursos em língua polaca

1.3.4 Língua regional indiana (Kannada)

Ao longo dos últimos 20 anos, o All India Institute of Speech & Hearing (AIISH), Mysore, Índia, desenvolveu uma base de dados de fala disfluente da língua Kannada, uma das línguas do sul da Índia de origem dravídica, para desenvolver um procedimento de avaliação da disfluência em crianças (DAPC), a fim de distinguir entre a não fluência normal (NNF) e a gaguez em crianças e classificar as características da fala e da não fala. Esta base de dados recolhe amostras de fala em dois grupos. O grupo I é constituído por 25 crianças disfluentes (18 do sexo masculino e 7 do sexo feminino) e o grupo II por 26 crianças disfluentes (19 do sexo masculino e 7 do sexo feminino) com idades compreendidas entre os 2:3 e os 6 anos. Todas as crianças apresentavam problemas audiológicos e atraso mental. A recolha de amostras de fala com 25 questionários detalhados foi preparada com base na lista de verificação de previsão da cronicidade da gaguez. Estas questões foram concebidas para extrair indicadores históricos, atitudinais e comportamentais de disfluência, desenvolvimento motor, da fala e da linguagem, e história escolar, e foram utilizadas sequências de seis histórias Panchatantra para obter amostras narrativas das crianças. Estas amostras de sílabas foram gravadas com o gravador portátil National Panasonic.

1.3.5 Língua espanhola peninsular

James Au-Yeung desenvolveu uma base de dados monolingue de conversação espontânea em espanhol peninsular para inspecionar a mudança de desenvolvimento da disfluência, passando de palavras funcionais para palavras de conteúdo, no University College London, financiada por uma bolsa do Wellcome Trust. 46 falantes (37 do sexo masculino e 9 do sexo feminino) 31043 amostras de fala estão divididas em cinco grupos etários (G1-G5) de 3 anos a 68 anos. A informação da base de dados é apresentada na tabela 1.3. Os oradores são provenientes de várias partes de Espanha e não estão associados a problemas neurológicos, psicológicos ou outros problemas médicos. O material do discurso contém palavras funcionais, incluindo pronomes, artigos, preposições, conjunções e verbos auxiliares, e palavras de conteúdo, incluindo substantivos, verbos principais, advérbios e adjectivos [47].

Grupo Nome	Idade	Altifalantes	Masculino /Feminino	Número de palavras nas amostras
G1	^{3}y y^{-5}	7	3M/4F	2798
G2	6y-9y	11	9M/2F	5472
G3	10y-11y	10	9M/1F	6751
G4	12y-16y	9	9M	4316
G5	20 anos-68 anos	9	7M/2F	11706
Total			37M/9F	31043

Tabela 1.3: Base de dados monolingue de conversação espontânea em espanhol peninsular.

1.3.6 Língua alemã

Cinquenta bases de dados monolingues de falantes alemães que gaguejam foram desenvolvidas pelo Departamento de Psicologia da University College London para examinar e comparar a complexidade fonética global entre o alemão e o inglês em palavras gaguejadas e fluentes, a fim de determinar se estas afectam ou não a taxa de gaguez. Estes falantes de alemão estão classificados em quatro grupos etários diferentes (1 adulto e 3 crianças) com 15463 palavras. As amostras foram obtidas através de diálogos espontâneos de perguntas e respostas dirigidos aos falantes, com uma duração de amostra de 2 minutos a 25 minutos e 48 minutos. A base de dados alemã é apresentada no quadro 1.4.

Grupo Nome	Idade	Altifalantes	Masculino /Feminino	Número de palavras nas amostras
G1	2y10m-6 y5m	11	9M/2F	4135
G2	6y6m-8y11m	10	8M/2F	5246
G3	9y-11y11m	14	10M/4F	3228
G4	16y3m- 47y3m	15	10M/5F	2854
Total			37M/13F	15463

Tabela 1.4. Base de dados de fala em alemão conversacional

1.4 Modelos acústicos existentes e estabelecidos

O reconhecimento das disfluências gaguejadas é um domínio de investigação multidisciplinar, como a patologia da fala, a fisiologia, a psicologia e a análise acústica e de sinais. Com base no trabalho de anos anteriores e recentes, muitos investigadores concentram-se em algoritmos de extração de características e métodos de classificação para desenvolver um sistema de reconhecimento para a deteção automática de eventos gaguejados e o desenvolvimento de uma base de dados de fala para amostras fluentes e não fluentes e características não fonéticas para uma abordagem estatística e análise acústica. A análise da fala gaguejada inclui (a) a duração média da repetição da sílaba sonora e do prolongamento do som, (b) o número médio de unidades repetidas por instância de repetição da sílaba sonora e da palavra inteira, e (c) várias medidas relacionadas com a frequência de todas as disfluências da fala entre e dentro da palavra [48,49]. Atualmente, a variedade de investigação centra-se na extração de características, na análise acústica, na conceção da experiência e na avaliação do resultado da fala gaguejada. Esta secção apresenta a pesquisa bibliográfica de trabalhos anteriores que se centram na forma como o reconhecimento automático da gaguez está a ser realizado. A forma como desenvolvem a base de dados, concebem a experiência, avaliam e analisam os resultados, dá uma ideia aproximada das diferentes abordagens existentes na literatura. O Quadro 1.5 está organizado por ordem cronológica de publicação, sendo que a primeira coluna apresenta o primeiro autor da investigação. O ano de publicação na segunda coluna, a terceira coluna para as propriedades das características e a última coluna para a percentagem de reconhecimento.

1.4.1 Redes Neuronais Artificiais (RNAs)

As redes neuronais artificiais (RNA) são ferramentas de modelização matemática emergentes ou ferramentas de modelização computacional inspiradas em homólogos biológicos, que têm sido utilizadas para resolver muitos problemas complexos do mundo real em várias disciplinas científicas diferentes, como o desenvolvimento de sistemas inteligentes, o reconhecimento de padrões, a previsão, a otimização, a memória associativa e o controlo. As RNAs têm a capacidade notável de características de processamento de informação, tais como elevado paralelismo, tolerância a falhas e ruído, e capacidades de aprendizagem e generalização e distinção entre sinais semelhantes [50,51,52], pelo que as RNAs desempenham um papel vital notável no processamento de sinais de fala, especialmente no reconhecimento da fala e do orador [53]. Na história da última década, as RNAs são amplamente utilizadas de diferentes maneiras na fala gaguejada, para classificação de fluente e disfluente na fala gaguejada e reconhecimento de prolongamento e repetição na fala gaguejada.

Em 1995, Howell Peter et al. foram os primeiros a investigar e a desenvolver uma nova área de conhecimento para encontrar os eventos gaguejados específicos que são repetições e prolongamentos, utilizando RNAs como técnica de classificação. A técnica de reconhecimento proposta foi conseguida através da avaliação de cada palavra como fluente, repetições, prolongamentos ou outras categorias de disfluência. As RNAs utilizam uma combinação da função de autocorrelação, da informação espetral e dos parâmetros do envelope como vetor de entrada. Obtiveram uma precisão de cerca de 80%.

Em 1997, realizaram a sua investigação até ao nível mais avançado. Os 12 alunos que gaguejavam foram utilizados para este estudo e as amostras de fala foram obtidas através da leitura de uma passagem de 376 palavras "Artur, o rato". As amostras de fala foram gravadas numa cassete DAT, com uma amostragem reduzida a 20 kHz, e transferidas para o computador para processamento posterior. Diferenciaram a fala fluente e disfluente utilizando a duração do trabalho parcial, a medida de fragmentação, a energia e as medidas espectrais. As RNAs identificaram com 78,07% de exatidão as palavras disfluentes de prolongamento e de repetição.

Primeiro autor	Ano	Base de dados	Características	Classificadores	Resultados (%)
Howell[45]	1995	-	Função de autocorrelação e parâmetro de envolvente	RNAs	80%
Howell[25,46]	1995 1997	12 altifalantes	Duração, picos de energia, espetro da palavra baseada e da parte da palavra baseada.	RNAs	78.01%
Geetha[11]	2000	51 oradores	Idade, sexo, tipo de disfluência, frequência da disfluência, duração, concomitantes físicos, velocidade da fala, histórico, atitudes e comportamentos, história familiar.	RNAs	92%
Não[32]	2000	37 oradores	Duração e frequência das partes disfluentes, velocidade de fala	HMMs	-
Czyzewski[5,4]	2003	6 Amostra normal não gaguejada + stop gaps	Frequência, frequências do 1º ao 3º formante e sua amplitude	RNAs e Rough Set	73.25 % & ≥ 90.0%
Poroshin[55]	2003	-	-	Rede Hopfield	-
Prakash[56]	2003	10 crianças normais + 10 crianças que gaguejam	Padrão de formantes, velocidade das transições, duração da transição F2 e transição F2	-	-
Szczurowsk i[51] a	2006	8 altifalantes	Medida espetral (FFT 512)	MLP, Kohonen	76.67%

Hasegawa-Johnson[57]	2006	-	Previsão linear perceptral (PLP)	HMM-SVM	-
Wisniewski [52]	2007	38 amostras para o prolongamento das fricativas + 30 amostras para o bloqueio da paragem + livre de amostras de silêncio	CCMF	HMMs	70%
Wisniewski [53]	2007	-	CCMF	HMMs	80%
Tian Swee[10]	2007	15 normal + 15 artificial gaguejado	CCMF	HMMs	96%
Ravikumar[23]	2008	10 altifalantes	CCMF	Perceptron	83%
Ravikumar [26]	2009	15 altifalantes	CCMF	SVM	94.35%
Swietlicka[58]	2009	8 altifalantes de gagueira + 4 altifalantes normais (59 amostras de discurso fluente + 59 Amostras de discurso não fluente)	Medidas espectrais (FFT 512)	MLP,RBF	88.1% 94.90%

Szczurowsk [59] a	2009	8 altifalantes	22,05 kHz, aplicação de filtros	Redes Kohonen	76%
Sin Chee[60]	2009	10 amostras de UCLASS	CCMF	K-NN, LDA	90.91%
Sin Chee[61]	2009	10 amostras de UCLASS	LPCC	K-NN, LDA	89.77%
Wisniewski [62]	2010	2 altifalantes	CCMF	HMMs	80%
Bergl[63]	2010	121 altifalantes	Domínio do tempo, domínio espetral	Detetor Batesiano, HMM, LDA	63%
Chia Ai[64]	2012	39 amostras da UCLASS	CCMF	k-NN,LDA	92.55%
Hariharan[65]	2012	39 amostras da UCLASS	LPC,LPCC,WLPCC	k-NN	92.16% 96.47% 97.45%
			LPC,LPCC,WLPCC	LDA	94.90% 97.06% 98.04%
Swietlicka [15]	2012	53 oradores	Medidas espectrais (FFT 512)	RNAs	84%
Fook[66]	2013	39 amostras da UCLASS	LPCC,WLPCC,MFCC	SVM	95%
Palfy[67]	2014	16 amostras de UCLASS	CCMF	SVM	98.00%
P.H. Yeh[68]	2014	10 altifalantes	volume, taxa de cruzamento zero, entropia espetral, derivadas de ordem superior, curva VH e curva VE e deteção do ponto final de acordo com (EPD)	DTW	83%

P.Mahesha[6][9]	2015	50 amostras da UCLASS	CCMF		MGM	96.43%

Tabela 1.5. Resumo de várias colecções anteriores de trabalhos de investigação sobre o reconhecimento da fala gaguejada.

Geetha et al. [11] centra a sua investigação na distinção entre a não fluência normal (NNF) e a gaguez em crianças, utilizando RNA. Foram utilizadas 25 crianças disfluentes para treinar a RNA e 26 crianças disfluentes para a RNA prever a classificação. Foram utilizadas 10 variáveis diferentes para fazer a diferenciação entre NNF e gaguez. Estas variáveis são a idade, o sexo, o tipo de disfluência, a frequência da disfluência, a duração, a concomitância física, a velocidade da fala, as pontuações históricas, atitudinais e comportamentais e a história familiar. As RNAs prevêem as classificações entre não-fluência normal e gaguez com 92% de precisão, utilizando estas variáveis.

Czyzewski et al, em 2003 [54], utilizaram RNAs e rough set para o reconhecimento automático de episódios de gaguez com base nas paragens, discernindo prolongamentos de vogais e deteção de repetições de sílabas. Utilizaram 6 amostras de fala fluente e 6 amostras de fala com stop-gaps. Os resultados indicam que o sistema baseado no conjunto aproximado obteve uma precisão superior a 90% do que a precisão média das RNAs, que foi de 73,25%.

Szczurowska et al, em 2006, descrevem os testes de redes neuronais sobre a capacidade de reconhecimento e categorização do registo de fala não fluente e fluente. Utilizaram o Sound Blaster para gravar amostras de fala de 8 pessoas que gaguejam. As amostras de fala foram analisadas por FFT 512 com o uso de 21 filtros digitais de 1/3 de oitava com frequências centrais entre 100 Hz e 10 kHz. Os autores obtiveram 76,67% de melhor resultado de classificação com a melhor rede, construída com 171 neurónios de entrada, 53 neurónios na camada oculta e 1 neurónio de saída.

K.M Ravikumar et al, em 2008, introduziram um novo método de deteção automática da repetição de sílabas no discurso lido para avaliar objetivamente os diferentes tipos de disfluências gaguejadas. Este método de deteção tem quatro fases que incluem a segmentação, a extração de características, a correspondência de resultados e a lógica de decisão. Prepararam uma base de dados de 150 palavras de passagens da língua inglesa padrão. As amostras recolhidas na base de dados foram segmentadas manualmente. Utilizaram 12MFCC para a extração de características e para o sistema de reconhecimento utilizaram redes neuronais (Perceptron), este Perceptron foi o primeiro algoritmo iterativo para a aprendizagem da classificação linear para decidir se uma sílaba é repetida ou não. Os autores recolheram 10 amostras de fala e obtiveram uma precisão de 83%, das quais 8 amostras são para treino do classificador Perceptron e as restantes 2 amostras são para teste.

Em 2009, Swietlicka et al. realizaram o seu trabalho de investigação sobre a deteção automática de disfluências no discurso gaguejado. Foram recolhidas 8 pessoas gagas com idades compreendidas entre os 10 e os 23 anos. Foram seleccionadas 59 amostras de fala não fluente e 59 amostras de fala fluente a partir da gravação para esta análise. Utilizaram 21 filtros digitais de 1/3 de oitava com frequências centrais entre 100Hz e 10 kHz para analisar as amostras de fala e estes parâmetros funcionam como entrada para as redes. As redes Multilayer Perceptron (MLP) e Radial Basis Function (RBF) foram aplicadas para reconhecer e classificar amostras de fala fluentes e não fluentes. Estas redes dão uma correção de classificação para todas as redes que varia entre 88,1% e 94,9%.

Em 2012 [54], propuseram um sistema para identificar os tipos de disfluência bloco, repetições de sílabas, prolongamento inicial de sílabas a partir da fala contínua com base em estruturas hierárquicas de RNA. Foram utilizadas 19 pessoas gagas e 14 fluentes. Foram seleccionadas 153 amostras de fala não fluente e 153 amostras de fala fluente a partir da gravação. Aplicaram FFT512 e 21 filtros digitais de 1/3 de oitava com frequências centrais entre 100Hz e 10 kHz para análise das amostras de fala. A classificação correcta variou entre 84% e 100%, dependendo do tipo de disfluência. Sem dúvida, as RNAs podem ser usadas como uma ferramenta importante na análise da fala, tanto do falante fluente quanto do não-fluente [55,56,57,58,59,].

1.4.2 HMMs

HMM, sigla de Hidden Markov Model, é um modelo estocástico que calcula os dados estatísticos do mundo real. Os HMMs são especialmente utilizados no reconhecimento da fala gaguejada e das disfluências, como o prolongamento e a repetição, porque os sinais de fala são tratados como sinais estacionários parciais ou de curta duração [60,61,62].

Em 2000, Noth et al. apresentaram um trabalho inovador de combinação de um sistema de reconhecimento de fala e de um SLP para avaliar o grau de gaguez durante a sessão de terapia. Este sistema pode utilizar uma abordagem de análise estatística para contar e classificar as repetições típicas, as pausas e a duração dos fonemas. Os factores mensuráveis utilizados para classificar o grau de gaguez são a frequência das partes disfluentes no discurso, a duração das disfluências e a velocidade de fala. A base de dados é constituída por 16 pacientes não gagos e 37 pacientes com sintomas de gaguez, que lêem a totalidade ou o início de uma passagem. Os resultados da precisão das palavras e dos fonemas do texto gaguejado em relação ao número de disfluências detectadas mostraram um coeficiente de correlação de até 0,99. Noth et al.61 necessita de mais experiências no futuro, especialmente com pessoas que gaguejam com repetição ou tipo de bloqueio.

Em 2007, Wisniewski et al apresentaram 2 artigos sobre um sistema de deteção automática que utiliza HMM como técnica de classificação. Recolheram 30 amostras para o modelo de reconhecimento do bloqueio de paragens, 30 amostras para o modelo de resumo e 38 amostras para o modelo de reconhecimento do prolongamento das fricativas. As amostras foram reduzidas para 22050 Hz e parametrizadas utilizando MFCCs. No seu primeiro artigo, a melhor precisão de reconhecimento foi alcançada para o silêncio livre, igual a 70%. No artigo seguinte, de 2010, a frequência de amostragem das amostras de som foi de 22050 Hz e todos os registos foram normalizados para a mesma gama dinâmica - 50dB. Obtiveram um melhor resultado de aproximadamente 80%.

Tian-Swee et al utiliza o HMM para o Malay Speech Therapy Assistance Tools

(MSTAT), um sistema que ajuda os profissionais de terapia da fala não só a diagnosticar as crianças e a treinar a gaguez, mas também a acompanhar os seus clientes. Os sinais de fala normal e desordenada são utilizados para treinar o modelo HMM. A base de dados deste projeto é constituída por 20 amostras de discurso normal e 15 amostras de discurso artificial com gaguez. 10 amostras de cada discurso normal e gago artificial são utilizadas para treinar modelos de discurso e as restantes 5 amostras de cada dado de discurso são utilizadas para testar os modelos HMM. Se a pontuação for inferior ao limiar, é diagnosticada como gaguez. A percentagem média da taxa de reconhecimento para o discurso normal é de 96% e para o discurso artificial gaguejante é de 90%.

Bergl P. et al [63], em 2010, encontraram um método para determinar automática e objetivamente o grau de perturbações da fluência da fala com base na análise de gravações áudio de pessoas que gaguejam. Esta base de dados é constituída por 121 sinais de fala de oradores. A disfluência foi analisada com base em vários parâmetros, tais como a duração total do silêncio e da fala, o número de segmentos de silêncio e de fala, a periodicidade da energia do sinal de fala, o parâmetro de voz e de fala sem voz e as alterações espectrais. Este sistema identifica corretamente o grau de disfluência em 63% dos indivíduos.

1.4.3 SVM

A máquina de vectores de apoio (SVM) é uma poderosa ferramenta de aprendizagem automática amplamente utilizada no domínio do reconhecimento de padrões para tentar obter um bom hiperplano de separação entre duas classes no espaço de dimensão superior[64,65].

Ravikumar et al, em 2009, tal como no seu trabalho anterior, propuseram um método de deteção automática de repetições de sílabas no discurso lido. Esta avaliação foi efectuada em quatro fases: comparação da segmentação, extração de características, correspondência de resultados e lógica de decisão. Em comparação com o seu trabalho anterior, o SVM foi utilizado para diferenciar entre discurso normal e fluente. As 15 amostras de discurso disfluente foram registadas de 15 pacientes, das quais 12 amostras foram utilizadas para treino e as restantes 2 amostras para teste. O sistema garante uma exatidão de 94,35%, o que é melhor do que no trabalho anterior.

Em 2013, Fook et al [66] apresentaram uma comparação da eficácia de um classificador para classificar disfluências da fala. Neste trabalho, a base de dados da fala é obtida a partir da base de dados UCLASS. Foram seleccionados para as experiências 43 oradores diferentes, 38 do sexo masculino e 5 do sexo feminino, com 107 gravações. As amostras de fala foram reduzidas para 16000Hz. Foi utilizado um esquema de validação cruzada de 10 vezes para mostrar a fiabilidade do resultado da classificação. Os três métodos k-NN, LDA e SVM produziram uma precisão de 95%.

Palfy et al [67], em 2014, apresentam um algoritmo de transformação da fala em sequência simbólica discreta para procurar padrões repetidos complexos na fala utilizando um classificador SVM. A falta de uniformidade da seleção de amostras de fala da base de dados UCLASS e da segmentação da fala para as experiências, devido a este facto, os seus resultados não são facilmente comparáveis. O sistema produz 98% de exatidão.

1.4.4 GMM e DTW

Yeh et al [68], propõe um método para identificar repetições na fala gaguejada. A metodologia proposta foi verificada numa amostra de discurso em chinês mandarim. Recolheram 10 pessoas gagas do sexo masculino da língua mandarim. O DTW (dynamic time warping) foi utilizado como classificador. Os resultados da experiência com o DTW tiveram uma precisão de 83%.

Recentemente, em 2015, P. Mahesha [69], introduziu o GMM (Modelo de Mistura Gaussiana) como modelo estatístico para avaliar e diferenciar a categoria de disfluências. O GMM é parametrizado pelos vetores de média, matrizes de covariância e pesos de mistura. Amostras de fala UCLASS são utilizadas para realizar a tarefa. A análise da janela de tempo curto foi utilizada para a extração de características. A precisão da classificação é de 94,43%.

1.4.5 κ-NN e LDA

Em 2009, Chee et al. publicaram dois artigos para analisar a eficácia do k-NN e do LDA na classificação da repetição e do prolongamento, utilizando dois métodos de extração de características, o MFCC e o LPCC. Utilizaram 43 oradores diferentes, 10 amostras de gravações obtidas do UCLASS e cada amostra foi reduzida para 16k HZ. No LDA, foi aplicada uma validação cruzada de 10 vezes no MFCC com 90,91% de classificação exacta. No segundo artigo. A análise de autocorrelação foi utilizada para converter o parâmetro LPC em coeficiente cepstral LPC. O conjunto de características foi dividido na proporção de 60:40 para treino e teste, respetivamente. A experiência foi repetida 10 vezes para cada valor de k. Obtiveram 89,77% de exatidão para o k-NN e 87,50% para o LDA.

Chia Ai et al. Compararam duas técnicas de parametrização da fala, MFCC e LPCC, para o reconhecimento de eventos gaguejados, nomeadamente a repetição e o prolongamento. Neste trabalho, foram utilizadas 39 amostras dos arquivos UCLASS e a amostragem foi reduzida para 16 kHz. De acordo com a percentagem de sobreposição da janela, a seleção do comprimento do quadro e o valor α no filtro passa-alto de primeira ordem, o LPCC é ligeiramente melhor do que o MFCC. 25 características MFCC deram 92,55% de melhor exatidão, enquanto 21 características LPCC apresentam a melhor exatidão de 94,51%.

1.5 Discussão

Observa-se nas várias pesquisas, tratamento de patologias, estudos de caso, que a pessoa que gagueja (PWS) apresenta várias características de fala e não fala que afectam a fluência.

Género e idade: Como já foi referido, a idade e o género são factores importantes para diferenciar e diagnosticar a fluência e a gaguez. Uma revisão da literatura existente sobre bases de dados de fala disfluente mostra que o rácio de afetividade entre os homens é superior ao das mulheres.

Duração da disfluência: Vários estudos que comparam as disfluências da fala de jovens que gaguejam precocemente, de adultos e dos seus pares que não gaguejam, têm-se centrado na frequência e no tipo de disfluências. A complexidade e a duração da fala gaguejada foram observadas em vários estudos. A duração total do som - repetições de sílabas e prolongamentos de sons - varia de um mínimo de 2-4 segundos a 20 minutos. Embora se tenha verificado que a duração e a complexidade afectam a fluência, o nível de influência não é claro e a disfluência parece variar individualmente.

Velocidade da fala: Nas últimas décadas, a velocidade da fala é observada subjetivamente em enunciados lentos, médios e rápidos. Em geral, comparativamente, a velocidade de fala das crianças é mais rápida do que a dos adultos. A variação é observada em diferentes contextos de comunicação, devido à sua relação com o ritmo e a velocidade da fala.

Gravidade: A medição da gaguez é muito difícil. Observou-se que, em grande medida, a gravidade da gaguez (percentagem de disfluência) e a sintomatologia variavam porque há vários factores que afectam a gravidade, como as crianças que gaguejam de formas diferentes dos adultos, algumas pessoas que gaguejam podem substituir palavras e parecem nunca gaguejar. As sílabas por minuto (SPM) e a percentagem de disfluência (PD) foram calculadas utilizando as seguintes fórmulas:

$$\text{SPM} = \frac{\text{Total number of syllables read}}{\text{Total time in seconds}} \times 60$$

$$\text{PD} = \frac{\text{Total number of disfluent syllable}}{\text{Total number of syllable}} \times 60$$

Concomitantes físicos: Para além das características da fala, existem várias características não relacionadas com a fala presentes na pessoa que gagueja (SPW), tais como piscar de olhos, alargar o nariz, caretas ou franzir o sobrolho, movimentos anormais dos lábios, das mãos e da cabeça. Algumas crianças que gaguejam também demonstram certos comportamentos de evitamento, como mau contacto visual, desviar o olhar, e baixo volume de voz associado à sua gagueira, mas estas características secundárias de não-fala não estão associadas ao grau de severidade [70,71,72,73].

Discutimos algumas das bases de dados de fala desenvolvidas em diferentes línguas para a fala gaguejada. Observámos que as bases de dados desenvolvidas são utilizadas para fins de reconhecimento e análise. Este estudo também esclarece as diferentes abordagens seguidas pelos investigadores em todo o mundo para a análise e o reconhecimento da gaguez. O trabalho efectuado para o reconhecimento ou análise da fala gaguejada é muito reduzido. **1.6 Conclusão**

Esta pesquisa bibliográfica ajudará a identificar as tentativas feitas pelos investigadores no domínio dos sistemas de reconhecimento e análise da fala gaguejada. Atualmente, os sistemas de reconhecimento da fala estão a ganhar mais importância e a utilização dessas aplicações está a aumentar; no entanto, é necessário desenvolver um reconhecimento da fala robusto que também possa analisar e reconhecer a fala gaguejada. Os investigadores precisam de desenvolver um sistema robusto baseado na fala que também possa lidar com as disfluências da fala, como a gaguez e a fala geral. Este estudo é uma tentativa de destacar o trabalho efectuado em bases de dados de fala gaguejada e as abordagens utilizadas para a análise e o desenvolvimento de um sistema de reconhecimento da gaguez.

Este trabalho pode ainda ser alargado a sociedades multilingues, como as que têm muitas línguas diferentes. Durante o estudo, observou-se que existe apenas uma base de dados de fala gaguejada numa única língua indiana (ou seja, Kannada). É necessário um trabalho semelhante também noutras línguas indianas.

Referências

[1]   Awad S., "The application of digital speech processing to stuttering therapy". In Proceedings of Instrumentation and Measurement Technology Conference, Sensing, Processing, Networking,1997, 2, pp. 1361-1367.

[2]   Van Borsel, J., Achten, E., Santens, P., Lahorte, P., Voet, T. "fMRI of developmental stuttering: a pilot study". Journal of Brain and language, 2003; 85(3), pp.369-376.

[3]   Bloodstein, O. "A Handbook on Stuttering". Chicago: The National Easter Seal Society, 1987.

[4]   Waghmare, V. B., Deshmukh, R. R., Shrishrimal, P. P., Janvale, G. B. "Sistema de reconhecimento de emoções a partir de discurso artificial marathi utilizando técnicas mfcc e lda". No processo da Quinta Conferência Internacional sobre Avanços em Comunicação, Rede e Computação-CNC, 2014.

[5]   Landge, M. B., Deshmukh, R. R., Shrishrimal, P. P. "Análise das variações na fala em diferentes faixas etárias usando a técnica de prosódia". Revista Internacional de Aplicações Informáticas, 2015,126(1).

[6]   Guntupalli, V. K., Kalinowski, J., Saltuklaroglu, T. "The need for self-report data in the assessment of stuttering therapy efficacy: repetitions and prolongations of speech. A síndrome da gaguez". International Journal of Language & Communication Disorders, 2006, 41(1), pp. 1-18.

[7]   Fisher, S. E., Vargha-Khadem, F., Watkins, K. E., Monaco, A. P., Pembrey, M. E., "Localisation of a gene implicated in a severe speech and language disorder". Nature genetics, 1998,18, pp. 168-170.

[8]   American Speech-Language-Hearing Association, "Scope of practice in speech-language pathology": 2007.

[9]   Skljarov, O., & Bortnik, T. "Chaos and speech rhythm". Em Neural Networks. Actas da Conferência Internacional Conjunta do IEEE sobre IJCNN'05, 2007, 4, pp. 2070-2075.

[10]   Tan, T. S., Ariff, A. K., Ting, C. M., Salleh, S. H. "Application of Malay speech technology in Malay speech therapy assistance tools" (Aplicação da tecnologia da fala malaia em ferramentas de assistência à terapia da fala malaia). 2007. Conferência Internacional sobre Sistemas Inteligentes e Avançados IEEE-ICIAS, 2007, pp. 330-334.

[11]   Geetha, Y. V., Pratibha, K., Ashok, R., Ravindra, S. K. "Classification of childhood disfluencies using neural networks". Journal of fluency disorders, 2000; 25(2), pp. 99-117.

[12]   F98.5 - gaguez [stammering]. [Em linha], OMS [Organização Mundial de Saúde]. http://apps.who.int/. Data

acedido em: 27/09/2016.

[13]   Dewey, D. "What is developmental dyspraxia" (O que é a dispraxia do desenvolvimento). Journal of Brain and Cognition, 1995, 29(3), pp. 254-274.

[14]   Organização Mundial de Saúde. "Classificação estatística internacional de doenças e problemas de saúde conexos", Organização Mundial de Saúde, 2004.

[15]   Swietlicka, I., Kuniszyk-Jozkowiak, W., Smolka, E. "Hierarchical. Sistema ANN para identificação de gagueira". Journal of Computer Speech and Language, 2013, 27(1), pp. 228-242.

[16]   Szabelska, E., Kruczyhska, A. "Análise de fala baseada em computador na gagueira". Applied Computer Science, 2013,9(2), pp. 34-42.

[17]   Czyzewski, A., Kostek, B., Skarzyhski, H. "Technika komputerowa w audiologii, foniatrii i logopedii". A. L. Akademicka Oficyna Wydawnicza Exit (Ed.), 2002.

[18]   Chen, W. Y., Chen, S. H., Lin, C. J. "A speech recognition method based on the sequential multi-layer perceptrons". Journal of Neural Networks, 1996; 9(4), pp. 655-669.

[19]   Shriberg, E. E. "Phonetic consequences of speech disfluency". SRI INTERNATIONAL MENLO PARK

CA, 1999.

[20]	Shrishrimal P. P., Deshmukh R. R., Waghmare V. B. "Desenvolvimento de uma base de dados de palavras isoladas em Marathi para fins agrícolas". Asian Journal of Computer Science & Information Technology, 2013; 2(7) pp.217-218.

[21]	Ward, D., "Sudden onset stuttering in an adult: Neurogenic and psychogenic perspectives". Journal of Neurolinguistics, 2010;23(5), pp.511-517.

[22]	Krishnan, G., Tiwari, S. "Revisitando a gagueira neurogénica adquirida à luz da gagueira de desenvolvimento". Journal ofNeurolinguistics,2011,24(3), pp.383-396.

[23]	Ravikumar, K., Reddy, B., Rajagopal, R., Nagaraj, H. "Automatic detection of syllable repetition in read speech for objective assessment of stuttered disfluencies" [Deteção automática da repetição de sílabas no discurso lido para avaliação objetiva de disfluências gaguejadas]. Actas da academia mundial de ciência, engenharia e tecnologia, 2008, 36, pp.270-273.

[24]	Subramanian, A., Yairi, E. "Identification of traits associated with stuttering". Journal of communication disorders, 2006, 39(3), pp.200-216.

[25]	Howell, P., Sackin, S., Glenn, K. "Development of a Two-Stage Procedure for the Automatic Recognition of Dysfluencies in the Speech of Children Who Stutter. Procedimentos Psicométricos Apropriados para a Seleção de Material de Treino para Classificadores de Disfluência Lexical". Journal of Speech, Language, and Hearing Research, 1997, 40(5), pp.1073-1084.

[26]	Ravikumar, K. M., Rajagopal, R., Nagaraj, H. C. "An approach for objective assessment of stuttered speech using MFCC features" [Uma abordagem para a avaliação objetiva da fala gaguejada utilizando características MFCC]. ICGST International Journal on Digital Signal Processing DSP, 2009, 9, pp.19-24.

[27]	Howell, P., Sackin, S., Au-Yeung, J. "Assessment procedures for locating stuttered events", Proceedings of the Second World Congress on Fluency Disorders, 1998.

[28]	Jacqueline, S., "Speaking Easy: for kids who stutter, early treatment can make the words flow smoothly", Journal of Health, 1991,23:38.

[29]	Archibald, L., De Nil, L. F. "The relationship between stuttering severity and kinesthetic acuity for jaw movements in adults who stutter". Journal of Fluency Disorders, 1999, 24(1), pp. 25-42.

[30]	Howell, P., Au-Yeung, J., Sackin, S. "Exchange of stuttering from function words to content words with age". Journal of Speech, Language, and Hearing Research, 1999, 42(2), pp.345-354.

[31]	Awad, S. S., Coreless, M. W., Merson, R. "Computer assisted treated for motor speech disorders". Em Instrumentation and Measurement Technology Conference, 1999. IMTC/99. Actas da 16ª IEEE, 1999, Vol. 1, pp. 595-600.

[32]	Noth E., Niemann H. Haderlein, T., Decher, M., Eysholdt, U., Rosanowski, F., Wittenberg, T. "Automatic stuttering recognition using hidden Markov models". Procedimentos da Sexta Conferência

Internacional sobre Processamento da Linguagem Falada, 2000.

[33]   Hollingshead K., Heeman P. "Using a uniform-weight grammar to model disfluencies in stuttered read speech: a pilot study". Centro para a Compreensão da Língua Falada, 2004.

[34]   Lincoln, M., Packman, A., Onslow, M. "Altered auditory feedback and the treatment of stuttering: A review". Journal of Fluency Disorders, 2006, 31(2), pp.71-89.

[35]   Voigt, T., Hewage, K., Alm, P. "Smartphone support for persons who stutter". In Proceedings of the 13th international symposium on Information processing in sensor networks, IEEE Press, 2014, pp. 293-294.

[36]   Miyamoto, C., Komai, Y., Takiguchi, T., Ariki, Y., Li, I. "Multimodal speech recognition of a person with articulation disorders using AAM and MAF". Workshop Internacional do IEEE sobre Processamento de Sinais Multimédia (MMSP), 2010, pp. 517-520.

[37]   Ai, O. C., & Yunus, J. "Overview of a computer-based stuttering therapy". Na Conferência Regional de Pós-Graduação em Engenharia e Ciência, 2006, pp. 207-211.

[38]   Kuniszyk-Jozkowiak, W., Smolka, E., Adamczyk, B. "Effect of acoustical, visual and tactile echo on speech fluency of stutterers". Folia phoniatrica et logopaedica, 1996, 48(4), pp.193-200.

[39]   Awad, S. S., & Piechocki, C. (2014, dezembro). "Software de terapia da fala numa plataforma web aberta". Em 10º. Conferência de Engenharia Informática do IEEE (ICENCO), 2014 (pp. 53-56).

[40]   Selim S. Awad, Mark W. Corless, Louis Przebienda e Richard Merson. "Development of a Computer Based Speech Fluency Treatment Aid" [Desenvolvimento de um auxiliar de tratamento da fluência da fala baseado em computador]. In The Proceedings of the Fourth IEEE International Conference on Electronics, Circuits, & Systems ICECS97, 1997, pp.245-248. IEEE.

[41]   Blomgren, M., Roy, N., Callister, T., Merrill, R. M. "Intensive Stuttering Modification Therapy A Multidimensional Assessment of Treatment Outcomes". Journal of Speech, Language, and Hearing Research, 2005,48(3), pp.509-523.

[42]   Guitar, B., & Peters, T. J. "Stuttering: An Integration of Contemporary Therapies". Publicação No.16, 1980.

[43]   Sidavi, A., Fabus, R. "A review of stuttering intervention approaches for preschool-age and elementary school-age children". Contemporary Issues in Communication Science Disorders, 2010, 37, pp.14-26.

[44]   Howell, P. "Assessment of some contemporary theories of stuttering that apply to spontaneous speech". Contemporary issues in communication science and disorders: CICSD, 2004, 31, 122.

[45]   Howell, P., Sackin, S. "Automatic recognition of repetitions and prolongations in stuttered speech" (Reconhecimento automático de repetições e prolongamentos no discurso gaguejado). In Proceedings of the first World Congress on fluency disorders, 1995, agosto, Vol. 2, pp. 372-374.

[46]   Howell, P., Sackin, S., Glenn, K. "Development of a Two-Stage Procedure for the Automatic Recognition of Dysfluencies in the Speech of Children Who StutterI. Procedimentos Psicométricos

Apropriados para a Seleção de Material de Treino para Classificadores de Disfluência Lexical". Journal of Speech, Language, and Hearing Research, 1997, 40(5), pp.1073-1084.

[47]   Ramaboka, M., Manamela, J., Gasela, N. "Automatic Speech Recognition for People with Speech Disorders" (Reconhecimento automático da fala para pessoas com perturbações da fala).

[48]   Au-Yeung, J., Gomez, I. V., Howell, P. "Exchange of disfluency with age from function words to content words in Spanish speakers who stutter". Journal of Speech, Language, and Hearing Research, 2003, 46(3), pp.754-765.

[49]   Dworzynski, K., Howell, P. "Predicting stuttering from phonetic complexity in German". Journal of fluency disorders, 2004, 29(2), pp.149-173.

[50]   Zebrowski, P. M. "Duration of the speech disfluencies of beginning stutterers". Journal of Speech, Language, and Hearing Research, 1991, 34(3), pp.483-491.

[51]   Szczurowska, I., Kuniszyk-Jozkowiak, W., Smolka, E. "A aplicação das redes Kohonen e Multilayer Perceptron na análise da não fluência da fala". Archives of Acoustics,2014, 31(4 (S)), pp.205210.

[52]   Wisniewski, M., Kuniszyk-Jozkowiak, W., Smolka, E., Suszyhski, W. "Automatic detection of disorders in a continuous speech with the hidden Markov models approach". In Proceeding of Computer Recognition Systems, Springer Berlin Heidelberg, 2007, 2 ,pp. 445-453.

[53]   Wisniewski, M., Kuniszyk-Jozkowiak, W., Smolka, E., Suszyhski, W. (2007). "Deteção automática de fonemas fricativos prolongados com a abordagem de modelos ocultos de Markov". Journal of Medical Informatics & Technologies, 2007,11.

[54]   Czyzewski, A., Kaczmarek, A., Kostek, B. "Intelligent processing of stuttered speech" (Processamento inteligente do discurso gaguejado). Journal of Intelligent Information Systems, 2003, 21(2), pp.143-171.

[55]   Szczurowska, I., Kuniszyk-Jozkowiak, W., Smolka, E. "Speech nonfluency detection using Kohonen networks". Computação Neural e Aplicações, 2009, 18(7), pp.677-687.

[56]   Prakash, B. "Acoustic measures in the speech of children with stuttering and normal non-fluency-a key to differential diagnosis". In workshop on spoken language processing, 2003.

[57]   Hasegawa-Johnson, M., Gunderson, J., Penman, A., Huang, T. "HMM-based and SVM-based recognition of the speech of talkers with spastic dysarthria". Conferência Internacional do IEEE sobre Acústica, Fala e Processamento de Sinais, Actas do ICASSP 2006. 2006, maio, Vol. 3, pp. III-III.

[58]   Swietlicka, I., Kuniszyk-Jozkowiak, W., Smolka, E. "Artificial neural networks in the disabled speech analysis". Springer Berlin Heidelberg. Procedimentos dos Sistemas de Reconhecimento de Computadores, 2009, 3 , pp. 347354.

[59]   Poroshin, A. N., Jarov, O. P. (2003, agosto). "Um sistema de internet de tipo especial de aprendizagem em parceria". Na Conferência Internacional sobre Física e Controlo, 2003. IEEE-Proceedings. 2003, Vol. 2, pp. 703-706.

[60]   Chee, L. S., Ai, O. C., Hariharan, M., Yaacob, S. (2009, novembro). "Reconhecimento baseado em MFCC de repetições e prolongamentos na fala gaguejada usando k-NN e LDA". Conferência de Estudantes do IEEE sobre Investigação e Desenvolvimento (SCOReD), 2009, pp. 146-149.

[61]   Chee, L. S., Ai, O. C., Hariharan, M., Yaacob, S. (2009, dezembro). "Deteção automática de prolongamentos e repetições usando LPCC". Em Conferência Internacional para Pós-Graduados Técnicos (TECHPOS), 2009, pp. 1-4.

[62]   Wisniewski, M., Kuniszyk-Jozkowiak, W., Smolka, E., Suszyhski, W. "Automatic detection of prolonged fricative phonemes with the hidden Markov models approach". Journal of Medical Informatics & Technologies, 2007, 11,

[63]   Bergl, P., Lustyk, T., Cmejla, R., Cemy, L., Hrbkova, M. "Assessment of dysfluency in stuttered speech", Procedimentos da Computação Técnica de Bratislava, 2010, 1-3.

[64]   Fook, C. Y., Muthusamy, H., Chee, L. S., Yaacob, S. B., Adom, A. H. B. "Comparação de técnicas de parametrização de fala para a classificação de disfluências de fala". Jornal Turco de Engenharia Elétrica e Ciências da Computação, 2013, 21(Sup. 1), pp.1983-1994.

[65]   Palfy, J. "Análise de disfluências por inteligência computacional". Ciências e Tecnologias da Informação, 2014, 6(2), 45.

[66]   Yeh, P. H., Yang, S. L., Yang, C. C., Shieh, M. D. "Automatic Recognition of Repetitions in Stuttered Speech: Using End-Point Detection and Dynamic Time Warping". Procedimentos de Ciências Sociais e Comportamentais, 2015, 193, 356.

[67]   Mahesha, P., e D. S. Vinod. "Gaussian Mixture Model Based Classification of Stuttering Dysfluencies" (Classificação de disfluências gaguejantes baseada no modelo de mistura gaussiana). Journal of Intelligent Systems 25, no. 3 (2016): 387-399.

[68]   Ai, O.C., Hariharan M., Yaacob, S., Chee, L.S. "Classification of Speech Dysfluencies with MFCC and LPCC features". Journal of Expert Systems with Applications,2012,39(2),pp.2157-2165.

[69]   Hariharan, M., Chee, L. S., Ai, O. C., Yaacob, S. "Classificação de disfluências de fala usando técnicas de parametrização baseadas em LPC". Journal of Medical Systems, 2012, 36(3), pp.1821-1830.

[70]   Wingate, Marcel E., Howell P. "Foundations of stuttering" (Fundamentos da gaguez). The Journal of the Acoustical Society of America, 2002, 112.4: pp.1229-1231.

[71]   Cordes, A. K., Ingham, R. J., Frank, P., Ingham, J. C. "Time-interval analysis of interjudge and intrajudge agreement for stuttering event judgments". Journal of Speech, Language, and Hearing Research, 1992,35(3), pp. 483-494.

[72]   Kully, D., Boberg, E. "An investigation of interclinic agreement in the identification of fl uent and stuttered syllables" (Uma investigação da concordância interclínica na identificação de sílabas fluentes e gaguejadas). Journal of Fluency Disorders, 1988, 13(5), pp.309-318.

[73]   Palfy, J., Pospichal, J. "Pesquisa de padrões em discurso disfluente". Procedimentos do Workshop Internacional sobre Aprendizagem Automática para Processamento de Sinais (MLSP), 2012, setembro, pp. 1-6.

2. Conceção e desenvolvimento

2.1 Conceção e desenvolvimento de bases de dados de fala gaguejada

Atualmente, os investigadores estão a interessar-se pela deteção de gaguez na fala. Em HCI$_5$, muitos investigadores estão a aprofundar a área da deteção de gaguez a partir da fala. O discurso gaguejado difere do discurso normal em termos de alteração do tom, da intensidade, do timbre, da velocidade do discurso e das pausas. A conceção e o desenvolvimento de uma base de dados de discurso gaguejado são essenciais para analisar a gaguez e as várias perturbações do discurso. A base de dados de discurso gaguejado é necessária para o estudo mais aprofundado do reconhecimento automático do discurso (ASR) robusto e para a robótica e a patologia. A base de dados de discurso gaguejado pode ser útil para desafiar a robustez de uma variedade de aplicações de discurso em sistemas de reconhecimento automático do discurso (ASRS).

Desenvolvemos um corpus de dados de fala. Concebemos e desenvolvemos uma base de dados simulada, utilizando as palavras isoladas que foram retiradas do Marathi Numérico (ou seja, de zero a nove). Desenvolvemos um corpus de discurso gaguejado com palavras isoladas em Marathi, que foi recolhido por doze falantes de Marathi. O processo de desenvolvimento detalhado, juntamente com o desenvolvimento do corpus de texto e as etapas padrão do desenvolvimento da base de dados de fala gaguejada, é discutido a seguir.

2.2 Desenvolvimento de um corpus de texto

O corpus de fala desempenha um papel fundamental na construção da ASR. O corpus de texto é muito importante para a modelação da língua, a síntese da língua e o reconhecimento do locutor, bem como para o auxílio à patologia. O corpus de texto deve ser desenvolvido de forma a utilizar o mínimo de palavras e frases que cubram o máximo de variações fonéticas de uma língua para a qual a aplicação de fala será desenvolvida. Os aspectos fonéticos, como os fones, os ditongos, os trifones, as fricativas, etc., da língua devem ser cobertos de modo a que, quando for utilizado, ajude a cobrir o máximo de sons num número limitado de palavras.

2.3 Sobre a LDC

Existem várias normas de registo que são seguidas em todo o mundo. Os investigadores de todo o mundo seguem as normas estabelecidas pelo Linguistic Data Consortium.

O Linguistic Data Consortium (LDC) está sediado na Universidade da Pensilvânia, EUA. Trata-se de um consórcio aberto de universidades, empresas e laboratórios de investigação governamentais que cria, recolhe e distribui bases de dados de fala e de texto, léxicos e outros recursos para fins de investigação e desenvolvimento. Esta iniciativa é conhecida como "LDC", que foi criada em 1992 com uma subvenção inicial do governo dos EUA para proporcionar um novo mecanismo de desenvolvimento em grande escala e de partilha generalizada de recursos para a investigação em tecnologias linguísticas. Atualmente, inclui mais de 100 empresas, universidades e agências governamentais como seus utilizadores e membros activos. As operações principais do consórcio da LDC são agora totalmente auto-sustentadas desde 2002.

As actividades do LDC incluem a manutenção dos arquivos de dados, a produção e distribuição de CD-ROM e a organização da distribuição de dados em rede, entre outras coisas. Isto deu um grande impulso à I&D no domínio da tecnologia linguística para o inglês e outras línguas europeias. O LDC está sediado na Universidade da Pensilvânia, mas acabou por passar de um projeto financiado pelo governo para uma iniciativa independente [1,2].

2.4 Sobre a LDC-IL

O conceito de criação de um Consórcio de Dados Linguísticos para as línguas indianas tira partido dos avanços gigantescos que a Índia deu no domínio das tecnologias da informação (TI) e segue as directrizes da reunião do Comité Hindi presidida pelo Primeiro-Ministro, na qual foi acordado que o Governo tomaria as medidas necessárias para melhorar os dados linguísticos legíveis por máquina em hindi e noutras línguas indianas em grande escala.

Neste contexto, o Instituto Central de Línguas Indianas (CIIL) de Mysore e outras instituições que trabalham no domínio da tecnologia das línguas indianas, como o

Instituto Indiano de Ciência, Bangalore, o Instituto Indiano de Tecnologia, Bombaim, o Instituto Indiano de Tecnologia, Madras e o Instituto Internacional de Tecnologia da Informação, Hyderabad, o Instituto Indiano da Fala e da Audição (AIISH), Mysore, etc., propuseram a criação de um Consórcio de Dados Linguísticos para as Línguas Indianas (LDC-IL) que ajudará os investigadores e os criadores de todo o mundo no domínio da linguística de corpus e da tecnologia linguística relacionada com as línguas indianas, propuseram a criação de um Consórcio de Dados Linguísticos para as Línguas Indianas (LDC-IL) que ajudará os investigadores e os criadores de todo o mundo no domínio da linguística de corpus e da tecnologia linguística relacionada com as línguas indianas. Decidiu-se que o consórcio passaria a chamar-se "LDC for Indian Languages" (LDC-IL) e estas instituições serão conhecidas como as instituições líderes desta iniciativa.

O principal objetivo da LDC-IL centra-se nos seguintes pontos

• Tornar-se um repositório de recursos linguísticos em todas as línguas indianas sob a forma de texto, discurso e corpora lexicais.

• Facilitar a criação de tais bases de dados por diferentes organizações.

• Definição de normas para a recolha de dados e armazenamento de corpora para diferentes actividades de investigação e desenvolvimento.

• Apoiar o desenvolvimento e a partilha de instrumentos de recolha e gestão de dados.

• Facilitar a formação através de workshops, seminários, etc., em questões técnicas e relacionadas com os processos.

• Criar e manter o sítio Web da LDC-IL, que seria a principal porta de acesso aos recursos da LDC-IL.

• Conceber ou prestar assistência na criação de tecnologia linguística adequada para utilização em massa.

• Proporcionar as ligações necessárias entre as instituições académicas, os investigadores individuais e as massas [3].

As principais áreas de desenvolvimento de recursos linguísticos da LDC-IL são as seguintes

1) Reconhecimento e síntese da fala.

2) Reconhecimento de caracteres.

3) Criação de corpora em línguas indianas.

4) Vários subprodutos como léxico, thesauri, etc.

5) Patologia da fala, linguística.

2.5 Normas LDC-IL

O LDC-IL estabeleceu normas para a recolha de dados da fala do ASRS, reconhecimento de palavras isoladas, síntese de texto para fala, reconhecimento de caracteres, processamento de linguagem natural e ferramentas a utilizar para várias actividades na criação de corpora, processamento de linguagem e outras áreas importantes que estão sob o foco do LDC-IL.

A norma de registo para a recolha de dados para o sistema de reconhecimento da fala varia de acordo com a aplicação, o objetivo da aplicação e o ambiente em que foi gravada. O LDC-IL concebeu as normas para a captação dos dados da fala de acordo com a aplicação para a qual os dados da fala devem ser recolhidos e os dispositivos que vão ser utilizados para gravar as amostras de fala. O LDC-IL também definiu normas para a anotação do ficheiro de fala. O LDC-IL não só desenvolveu as normas para o discurso como também para o texto.

2.6 Desenvolvimento de uma base de dados de fala gaguejada em Marathi

Nesta secção, explicamos o desenvolvimento da base de dados de palavras gaguejadas isoladas em Marathi, que é descrita a seguir:

2.6.1   Corpora de texto

Para selecionar a base de dados do discurso, precisamos do corpus de texto que é gravado por diferentes oradores, homens e mulheres. Seleccionamos a idade dos oradores de 15 a 55 anos. Os oradores são classificados em oradores masculinos e femininos. O número de oradores seleccionados é de cerca de 12, dos quais dez são números em que uma única palavra é repetida três vezes. O número total de enunciados na base de dados é de cerca de 324.

A tabela 2.1, representa as palavras seleccionadas para o desenvolvimento da base de dados de fala de palavras numéricas isoladas, juntamente com as respectivas transliterações e IPA (International Phonetic Alphabet).

2.6.2   Recolha de dados sobre o discurso

Nesta secção, descrevem-se os passos seguidos para desenvolver a base de dados de voz.

2.6.3   Seleção do orador

Os dados relativos ao discurso foram recolhidos junto dos falantes nativos da língua Marathi. Os falantes seleccionados eram residentes no estado de Maharashtra.

2.6.4   Recolha de dados

Pediu-se aos oradores que dissessem um total de 10 palavras em três emissões de cada palavra. Os dados relativos ao discurso foram recolhidos junto de pessoas pertencentes às regiões de Marathwada. Os falantes foram seleccionados com base nas habilitações literárias e na sua língua materna.

Devnagari	Transliterated (Translated In English)	Digits
शून्य	/ɕəuɳəjə/	0
एक	/ekə/	1
दोन	/ɖəoɳə/	2
तीन	/ʈəiɳə/	3
चार	/tɕəarə/	4
पाच	/pəatɕə/	5
सहा	/səɦəa/	6
सात	/səaʈə/	7
आठ	/aʈʰə/	8
नऊ	/ɳəu:/	9

Tabela 3.1: Numérico Marathi com IPA

2.6.5 Estatísticas de recolha de dados

Recolhemos amostras de discurso de 12 oradores. Os 12 oradores foram classificados de acordo com o género. Recolhemos os dados de 8 homens e 4 mulheres na faixa etária dos 15 aos 55 anos. A base de dados é constituída por 324 enunciados de palavras seleccionadas a partir da lista de palavras isoladas.

2.7 Procedimento de registo seguido

As palavras seleccionadas foram gravadas a partir de altifalantes que utilizaram dois auscultadores diferentes. Os auscultadores utilizados foram o Sennheiser PC350 e o PC360, que são diferentes em termos de especificações técnicas. A razão para selecionar estes auriculares específicos prende-se com o facto de possuírem um sistema de cancelamento de ruído e de a distância entre o microfone e o altifalante ser a mesma.

Os dados foram registados em ambiente normal. Utilizámos o software PRAAT para registar as amostras de fala. O principal ponto forte do PRAAT é a sua interface gráfica com o utilizador, as funcionalidades como a análise espetral, a análise do pitch, a análise dos formantes, a análise da intensidade, outras funcionalidades para desenhar o Cochleagram, o espetrograma, os gráficos do sinal de fala e, mais importante ainda, o facto de ser de fonte aberta.

As sessões de gravação duraram geralmente 30 minutos. Os dados da fala foram registados com uma frequência de amostragem de 16000 Hz, 16 bits em formato áudio mono. Os ficheiros foram guardados com a extensão .wav. Como os dados foram gravados num ambiente normal, as amostras gravadas consistiam em ruído de fundo que foi posteriormente melhorado [4,5,6].

2.8 Melhoramento do sinal de fala:

O melhoramento do sinal de fala é necessário antes de podermos extrair a caraterística para desenvolver o sistema de reconhecimento de fala. O melhoramento do sinal de fala reduz o ruído se adquirido durante a gravação da fala. A remoção do ruído do sinal de voz varia consoante a aplicação. O sinal de fala deve ter boa qualidade e boa inteligibilidade para aumentar a precisão do reconhecimento do sistema. O ruído pode ser classificado em diferentes categorias, como o ruído de fundo (pode ser estacionário, por exemplo, ruído de rua, periódico, por exemplo, ruído de helicóptero, ou não estacionário, por exemplo, ruído de automóvel), interferências de altifalantes (por exemplo, efeito de cocktail party), ruído de impulso (por exemplo, bater de porta) e ruído não aditivo (por exemplo, distorção não linear do microfone ou do altifalante). As técnicas de melhoramento do sinal de fala disponíveis podem ser classificadas da seguinte forma: subtração espetral, algoritmo baseado no subespaço, técnica de filtragem adaptativa (como o algoritmo LMS, o algoritmo RLS, o filtro Kalman) e filtragem adaptativa por pente. A técnica de melhoramento do sinal de fala utilizada no estudo proposto é a subtração espetral [7].

3.8.1 Subtração espetral

Na subtração espetral, um espetro médio de sinal e um espetro médio de ruído são estimados em partes da gravação e subtraídos um do outro, de modo a melhorar a relação sinal-ruído (SNR) média [8]. Assume-se que o sinal é distorcido por um ruído aditivo, estacionário e de banda larga, a estimativa do ruído é a mesma durante a análise e a restauração e a fase é a mesma no sinal original e no restaurado. No domínio do sinal, o modelo pode ser descrito da seguinte forma:

$$y(n) = x(n) + d(n) \tag{1}$$

Onde, x é o sinal de fala, d é o ruído e y fala ruidosa.

No domínio da frequência, a equação do modelo de fala ruidosa é expressa como

$$y(j\omega) = x(j\omega) + d(j\omega) \tag{2}$$

Onde, $y(j\omega)$, $x(j\omega)$ e $d(j\omega)$ são as transformadas de Fourier do sinal ruidoso $y(n)$, $x(n)$ e $d(n)$, respetivamente.

Como os parâmetros estatísticos do ruído não são conhecidos, o ruído e os sinais de voz são substituídos pelas suas estimativas:

$$\hat{x}(j\omega) = y(j\omega) - \hat{d}(j\omega) \tag{3}$$

A estimativa do espetro de ruído $\hat{d}(j\omega)$ está relacionada com o espetro de ruído esperado $E[|\hat{d}(j\omega)|]$, que é normalmente calculado utilizando o espetro de ruído médio no tempo $\hat{d}(j\omega)$ retirado de partes da gravação em que apenas está presente ruído. A estimativa do ruído é dada por:

$$\hat{d}(j\omega) = E[|d(j\omega)|] \cong |\bar{d}(j\omega)| = \frac{1}{K}\sum_{i=0}^{K-1}|d_i(j\omega)| \tag{4}$$

Em que $|d_i(j\omega)|$ é o espetro de amplitude do i-ésimo dos K fotogramas de ruído. A estimativa do ruído no quadro k^{th} pode ser obtida filtrando o ruído com um filtro passa-baixo de primeira ordem:

$$\hat{d}(j\omega) = |\bar{d}_k(j\omega)| = \lambda_n \cdot |\bar{d}_{k-1}(j\omega)| + (1-\lambda_n) \cdot |d_k(j\omega)| \tag{5}$$

Em que $\tilde{d}_k(j\omega)$ é a estimativa do ruído alisado no quadro i^{th}, λ_n é o coeficiente de filtragem. Para obter a estimativa de ruído, deve ser analisada a parte da gravação que contém apenas ruído e que precede a parte que contém o sinal de fala [9].

O fluxo para a subtração espetral do sinal de voz ruidoso é apresentado na figura 2.1.

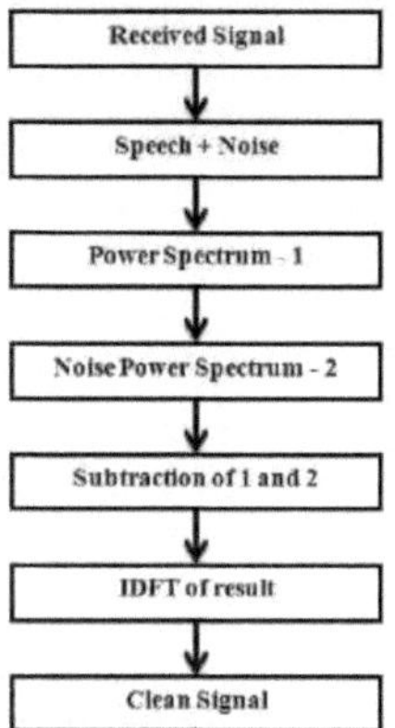

Figura 2.1 Fluxo para o melhoramento da fala utilizando a subtração espetral

2.9 Eliminação do ruído do sinal de voz

As amostras de fala melhoradas após a remoção do ruído de fundo utilizando a subtração espetral foram armazenadas separadamente. A cópia original das amostras de fala foi mantida após a obtenção das amostras de fala sem ruído [10].

A figura 2.2 (a) representa a forma de onda da amostra de fala para Shunya com ruído de fundo e a figura 2.2 (b) representa o espetrograma para a amostra de fala para shunya com ruído de fundo. A figura 2.3 (a) representa a forma de onda da amostra de fala para shunya após a remoção do ruído de fundo e a figura 2.3 (b) representa o espetrograma para a amostra de fala para shunya após a remoção do ruído de fundo.

A base de dados de discurso desenvolvida ajudaria os investigadores que pretendem trabalhar no domínio do reconhecimento de disfluências a partir do discurso em língua Marathi. A base de dados desenvolvida pode também ajudar no desenvolvimento de um sistema robusto de reconhecimento automático do discurso que possa compreender os enunciados proferidos em diferentes estados de disfluência.

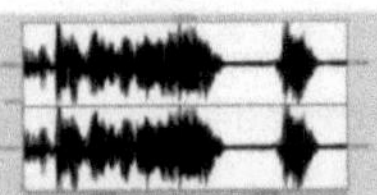
Fig. 2.2 (a) Waveform of the speech sample for Shunya having background noise

Fig. 2.2 (b) Spectrogram of speech sample for Shunya with background noise

Fig. 2.3 (a) Waveform of speech sample for Shunya without background noise

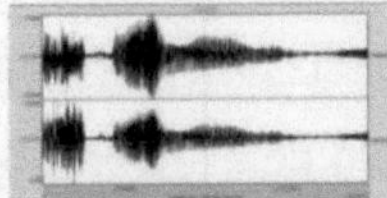
Fig. 2.3 (b) Spectrogram of speech sample for Shunya without background noise.

2.10 Metodologia

A análise mostra as diferentes técnicas utilizadas para o reconhecimento de gaguez a partir da fala para a base de dados de fala desenvolvida. Em seguida, efectua testes de referência das técnicas utilizadas e determina qual a técnica mais adequada para o reconhecimento. A título de comparação, apresenta também os resultados da utilização destas técnicas no reconhecimento da fala gaguejada. A Figura 2.4 mostra o diagrama de blocos básico proposto para o reconhecimento de emoções a partir do sinal de fala.

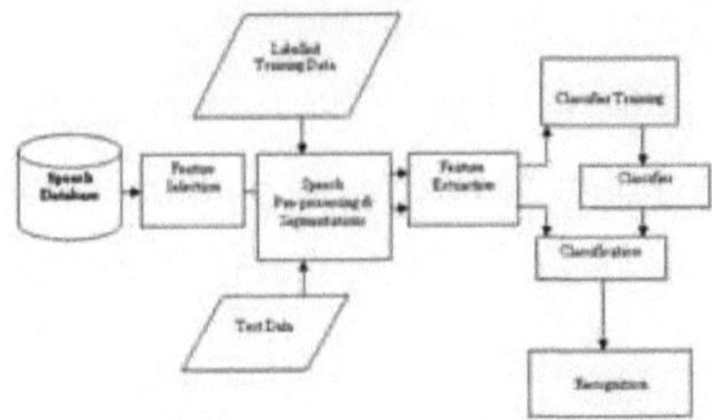

Figura 2.4 Diagrama de blocos do sistema de reconhecimento da fala gaguejada

2.11 Extração de características

A extração de características é uma etapa de pré-processamento básica e fundamental para o reconhecimento de padrões e a aprendizagem automática. É uma forma especial de técnica de redução da dimensionalidade utilizada para reduzir os dados, que são muito grandes, para serem processados por um algoritmo e para extrair propriedades específicas de várias características. Na extração de características, os dados de entrada

41

fornecidos são transformados num conjunto de características que fornece as informações relevantes para a realização de uma tarefa desejada, sem necessidade dos dados em tamanho real, mas utilizando o conjunto reduzido.

A extração da melhor representação paramétrica de sinais acústicos é uma tarefa importante para produzir um melhor desempenho de reconhecimento. Para o reconhecimento de disfluências, é necessário selecionar características adequadas que contenham informações sobre o discurso gaguejado. Os estudos sobre a disfluência da fala indicam que o pitch, a energia, o formante, a extração de características é o processo de extração de alguns parâmetros valiosos para o processamento posterior dos sinais de entrada.

2.11.1 Coeficiente Cepstral de Frequência Mel (MFCC)

O Coeficiente Cepstral de Frequência Mel é o método de extração de características bem conhecido e mais utilizado no domínio da fala. O MFCC baseia-se no sistema de perceção auditiva humana. O sistema de perceção auditiva humana não segue uma escala linear de frequência. Para cada tom com uma frequência real 'f medida em Hz, é calculada uma altura subjectiva, conhecida como 'Escala de Mel'. A escala de frequência mel é um espaçamento linear de frequências abaixo de 1000 Hz e um espaçamento logarítmico acima de 1000Hz. Como ponto de referência, a altura de um tom de 1 KHz, 40 dB acima do limiar percetual da audição, é definida como 1000 Mels

.

Existem várias implementações do MFCC. Estas implementações diferem principalmente devido ao número de filtros, à forma dos filtros, à forma como os filtros estão espaçados, à largura de banda do filtro e à forma como o espetro é deformado.

As principais variações do MFCC são as seguintes:

A.   MFCC FB-20: introduzido em 1980 por Davis e Mermelstein [11].

B.   MFCC FB-24 HTK: do Cambridge HMM Toolkit de Young, 1995 [12].

C.   MFCC FB-40: da Auditory Toolbox for MATLAB escrita por Slaney, 1998 [13].

D.   HFCC-E FB29: (Human Fator Cepstral Coefficients) de Skowronski e Harris,

2004 [14].

O FB nas implementações de define o número de filtros presentes no banco de filtros para o MFCC do autor correspondente. Estas implementações consideram diferentes taxas de amostragem. Para calcular as características utilizando o MFCC, são seguidos os seguintes passos: pré-enfatização, enquadramento e janelamento, transformada rápida de Fourier, banco de filtros de frequência mel, logaritmo e transformada discreta de cosseno. O diagrama de blocos do método de extração de características MFCC é apresentado na figura 2.5

As várias etapas envolvidas no cálculo do MFCC são descritas a seguir:

A. **Pré-ênfase**

O sinal de voz é primeiro pré-ênfase com o filtro de pré-ênfase 1-az-1 para achatar espectralmente o sinal.

B. **Enquadramento e janelamento**

Assume-se que um sinal de voz permanece estacionário em períodos de aproximadamente 20ms. Dividir um sinal discreto s[n] em quadros no domínio do tempo truncando o sinal com uma função de janela w[n]. Isto é feito através da multiplicação do sinal, que consiste em N amostras. O sinal é geralmente segmentado em fotogramas de 20 a 30 ms; em seguida, o fotograma é deslocado 10 ms de modo a que a sobreposição entre dois fotogramas adjacentes seja de 50% para evitar o risco de perder a informação do sinal de fala. Depois de dividir o sinal em quadros que contêm blocos de sinal quase estacionários, é aplicada a função de janelamento.

C. Transformada rápida de Fourier

A transformada rápida de Fourier converte cada quadro de N amostras do domínio do tempo para o domínio da frequência. A FFT é um algoritmo rápido para implementar a Transformada Discreta de Fourier (DFT)₅ que é definida no conjunto de N amostras {xn}, da seguinte forma,

$$X_k = \sum_{n=0}^{N-1} x_n e^{-j2\pi kn/N} \quad k=0,\ 1,\ 2\ ...\ N\text{-}1$$

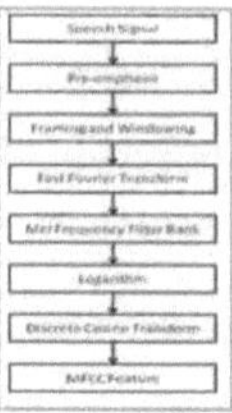

Figura 2.5 Diagrama de blocos do método de extração de características MFCC.

Em geral X_k são números complexos e apenas consideramos os seus valores absolutos (grandezas de frequência). A sequência resultante $\{x_k\}$ é interpretada da seguinte forma: frequências positivas $0 < f < Fs/2$, correspondem a valores $0 < n < N/2-1$, enquanto frequências negativas $-Fs/2 < f < 0$ corresponde a $N/2+1 < n < N-1$. Aqui, Fs denota a frequência de amostragem. O resultado após esta etapa é frequentemente referido como espetro ou periodograma. Para obter uma boa resolução de frequência, é utilizada uma Transformada Rápida de Fourier (FFT) de 512 pontos.

D. Banco de filtros de frequência mel

Um banco de filtros é criado através do cálculo de um número de picos, uniformemente espaçados na escala Mel e depois transformados de volta para a escala de frequência normal, onde são utilizados como picos para os bancos de filtros.

E. Logaritmo

Os logaritmos das potências em cada uma das frequências de Mel são calculados. É gerada a nova matriz/vetor de potência de log de Mel.

F. Transformada discreta do cosseno

A transformada discreta do cosseno (DCT) está a ser utilizada para obter os coeficientes mel-cepstrais. Numa imagem, existem 24 coeficientes Mel Cepstral, dos quais apenas 13 coeficientes foram seleccionados para o sistema de reconhecimento.

2.11.2 Codificação Preditiva Linear (LPC)

Uma amostra de discurso pode ser aproximada como uma combinação linear de amostras de discurso passadas, minimizando a soma das diferenças quadráticas entre as amostras de discurso reais e as previstas linearmente ao longo de um intervalo finito, sendo determinado um conjunto único de coeficientes de previsão. A amostra de discurso é modelada como a saída de um sistema linear variável no tempo, excitado por um impulso quase periódico durante o discurso sonoro ou por ruído aleatório durante o discurso não sonoro. O método de previsão linear fornece um método robusto, fiável e preciso para estimar os parâmetros que caracterizam o sistema linear variável no tempo que representa o trato vocal, o que será útil para o reconhecimento de emoções.

A maioria dos sistemas de reconhecimento assume um modelo de todos os pólos conhecido como modelo auto-regressivo (AR) para a produção da fala.

$$s(n) = \sum_{k=1}^{p} a_k s(n-k) + G u(n)$$

a equação que descreve a relação entre as amostras de fala s(n) e a excitação u(n)[15].

2.12 Resumo

Este capítulo concentra-se no desenvolvimento de uma base de dados de fala gaguejada isolada em Marathi. As bases de dados de fala gaguejada desenvolvidas são as primeiras do seu género para a língua Marathi. O desenvolvimento do corpus de fala gaguejada foi uma tarefa fastidiosa. O aspeto mais importante da recolha de dados da fala gaguejada é o corpus de texto, que não estava facilmente disponível para nós. O problema que enfrentámos durante o desenvolvimento de corpora de discurso gaguejado isolado foi convencer os falantes e fazê-los pronunciar a palavra de forma correcta.

Referências

[1] Niladri Sekhar Dash, Language corpora : past, present and future, Mittal Publication, First Edition 2009

[2] http://www.ldc.upenn.edu/ citado em 15/03/2012

[3] LDC-IL, Normas de Amostragem, endereço Web http://www.ldcil.org/download/SamplingStandards.pdf

[4]   Vishal Waghmare, Ratnadeep Deshmukh "Desenvolvimento de uma base de dados artificial de discursos emocionais em Marathi" no 101º Congresso Indiano de Ciências, organizado pela Universidade de Jammu, Jammu, de 3 a 7 de fevereiro de 2014

[5]   Geetha, Y. V., Pratibha, K., Ashok, R., Ravindra, S. K. Classification of childhood disfluencies using neural networks. Journal of fluency disorders, 2000; 25(2), pp. 99-117.

[6]   Wagner J., Jonghwa Kim, Andre E. "From Physiological Signals to Emotions: Implementing and Comparing Selected Methods for Feature Extraction and Classification" IEEE International Conference On Multimedia & Expo, Amesterdão, 2005, pp. 940 - 943.

[7]   Ravikumar, K., Reddy, B., Rajagopal, R., Nagaraj, H. Deteção automática de repetição de sílabas em discurso lido para avaliação objetiva de disfluências gaguejadas. Actas da academia mundial de ciência, engenharia e tecnologia, 2008, 36, pp.270-273.

[8]   J R Deller Jr., J. H. L. Hansen e J. G. Proakis, "Discrete-Time Processing of Speech Signals", Wiley India Edition, 2011.

[9]   Philipos C. Loizou, "Speech Enhancement: Theory and Practice", CRC Press. 7 de junho de 2007.

[10] Saeed V. Vaseghi, "Advanced Digital Signal Processing and Noise Reduction", Segunda edição, John Wiley & sons Ltd, pp. 333-354

[11] Davis S. B., Mermelstein P., "Comparison of Parametric Representations for Monosyllabic Word Recognition in Continuously Spoken Sentences", IEEE Transaction on Acoustic, Speech and Signal Processing, Vol. 28, No. 4, pp. 357366 (1980).

[12] Young S. J., Odell J., Ollason D., Valtchev V., Woodland P., "The HTK Book. Version 2.1", Department of Engineering, Cambridge University, UK, 1995.

[13] "The NIST Year 2001 Speaker Recognition Evaluation Plan", The NIST of USA,

2001. Disponível: http ://www.nist. gov/speech/tests/spk/2001/doc/2001 -spkrec-evalplan-v05.9.pdf.

[14] Wingate, Marcel E., e Howell P. (2002). "Foundations of stuttering" (Fundamentos da gaguez). The Journal of the Acoustical Society of America 112.4: 1229-1231.

[15] Hariharan, M., Chee, L. S., Ai, O. C., & Yaacob, S. (2012). "Classificação de disfluências de fala usando técnicas de parametrização baseadas em LPC". Jornal de sistemas médicos, 36(3), 1821-1830

3.   Análise de desempenho

O objetivo da nossa proposta de reconhecimento automático de gaguez a partir do sistema de fala é descobrir as disfluências com a ajuda de características extraídas e atingir a máxima precisão utilizando diferentes algoritmos. Neste capítulo, demonstramos a eficiência dos métodos propostos, as experiências, os resultados, a avaliação e o critério de sucesso.

3.1 Reconhecimento de fala gaguejada com base no Coeficiente Cepstral de Frequência Mel (MFCC)

Para o reconhecimento do discurso gaguejado, descrevemos brevemente o desenvolvimento de bases de dados de discurso em língua Marathi. Utilizámos os coeficientes cepstrais de frequência mel (MFCC) para a extração de características neste trabalho. O Coeficiente Cepstral de Frequência Mel (MFCC) é uma caraterística eficaz para distinguir disfluências [1,2]. Para efeitos de classificação, utilizámos apenas a informação do pitch extraída dos enunciados. Vários estudos indicam a importância de características sumárias, o sinal fundamental do pitch. Para extrair o MFCC da fala gaguejada, um conjunto de amostras de fala é treinado para aprender o mapeamento entre os sinais acústicos [3,4,5].

No MFCC, as escalas de frequência são colocadas numa escala linear para frequências inferiores a IKHz e numa escala logarítmica para frequências superiores a 1 KHz. Os MFCC contêm informação temporal e de frequência do sinal, o que os torna ideais para o reconhecimento automático da fala [6,7]. Os MFCCs são o resultado de uma transformada de cosseno do logaritmo real do espetro de energia de curto prazo expresso numa escala de frequência de Mel. O MFCC informa sobre a migração da energia de curto prazo no domínio da frequência. No MFCC, o espetro DFT de um sinal é frequentemente deformado através de uma transformação da escala de frequências de Mel, utilizando a equação (1).

$$Mel(f) = 2595 \log 10(1 + f/700) \tag{1}$$

Os coeficientes de regressão de primeira ordem (coeficientes delta) são calculados pela seguinte equação de regressão:

$$d_i = \frac{\sum\limits_{n=1}^{N} n(c_{n+i} - c_{n-i})}{2\sum\limits_{n=1}^{N} n^2}$$

(2)

Em que d_i é o coeficiente delta no fotograma i, calculado em termos dos coeficientes de base correspondentes c_{n+i} a c_n -i. A mesma equação é utilizada para calcular os coeficientes de aceleração, substituindo os coeficientes de base pelos coeficientes delta.

A Normalização da Média Cepstral tem como objetivo reduzir o efeito do ruído multiplicativo nos vectores de características. (3) Matematicamente é:

$$c_i = c_i - \frac{1}{N}\sum\limits_{k=1}^{N} c_{ik}$$

(3)

Onde c_i é o elemento de caraterística i[th] no vetor de caraterística e c_{lk} é o elemento de caraterística i[th] no quadro k. N é o número total de quadros de entrada de dados[8,9,10].

Os diferentes valores inicializados durante o cálculo do MFCC são os seguintes:

Frequência de amostragem: 22000

Tipo de janela: Janela Hamming

Duração da janela: 25 milissegundos

Tempo do passo: 10 milissegundos

Número de coeficientes: 13 (1 coeficiente energético e 12 coeficientes padrão)

Frequência mínima: 0 (filtros de fusão de borda de banda mais baixa (Hz))

Frequência máxima: 4000 (O limite de banda mais elevado dos filtros de fusão (Hz) definidos)

FFT: FFT de 512 pontos

$\Sigma(X)$

A média é calculada através da fórmula $M = \dfrac{\Sigma(X)}{N}$

Em que Σ = Soma de

X = Pontos de dados individuais

N = dimensão da amostra (número de pontos de dados).

O desvio padrão, ou seja, **σ,** é calculado através da fórmula

$$\sigma = \sqrt{\frac{1}{N}\sum_{i=1}^{N}(x_i - \mu)^2}$$

Tabela 3.1: Características MFCC extraídas para Masculino: Amostra-I com 10 fotogramas, Palavra: "Shunya"

	Quadro 1	Quadro 2	Quadro 3	Quadro 4	Quadro 5	Quadro 6	Quadro 7	Quadro 8	Quadro 9	Moldura 10
C1	-0.69078	-1.49194	1.488337	1.381418	-0.60993	-1.20639	0.209394	0.409894	-0.42352	0.020909
C2	-0.97151	-1.86751	2.046426	1.134355	-1.0137	-0.8041	0.400897	0.324476	-0.44761	0.079348
C3	-1.03816	-1.53544	2.098597	0.452966	-1.24158	-0.06971	0.477022	-0.09305	-0.39132	0.216325
C4	0.090886	-3.18213	4.191768	2.777274	-2.18153	-1.0558	0.885091	0.431523	-0.98381	-0.28699
C5	-0.21089	-1.48443	3.25707	0.482748	-1.88935	0.527274	0.298249	-0.63805	-0.30723	0.229127
C6	0.232427	-0.67419	3.017917	1.140569	-1.19499	0.146364	0.587338	-0.28677	-0.45448	0.176269
C7	-0.05311	-0.04088	0.110557	-0.0561	-0.06197	0.101947	-0.03271	-0.04199	0.040466	0.003071
C8	-0.05311	-0.04088	0.110557	-0.0561	-0.06197	0.101947	-0.03271	-0.04199	0.040466	0.003071
C9	-0.05535	-0.03954	0.101943	-0.03717	-0.07461	0.088599	0.001566	-0.07073	0.045468	0.016361
C10	-3.20361	0.580388	2.485433	-1.8379	0.078064	0.985184	-0.52493	-0.33361	0.025572	0.446013
C11	-0.68774	0.064516	1.198771	0.105324	-0.49796	0.603314	0.296475	-0.45442	0.002419	0.276377
C12	-1.71446	0.905671	1.133233	-0.04643	-0.17941	0.46648	0.334168	-0.67291	0.006636	0.49018

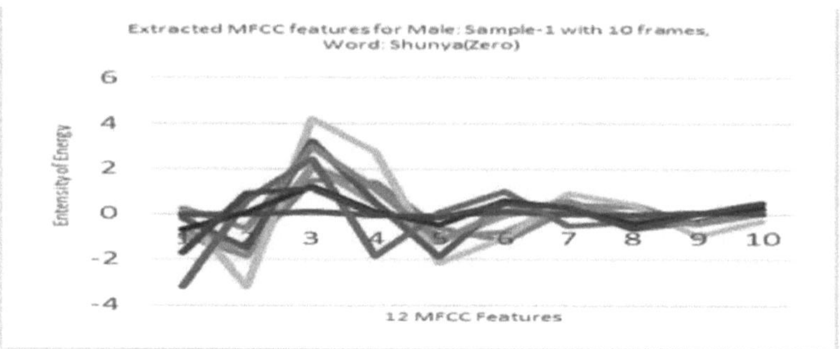

Tabela 3.2: Características MFCC extraídas para o género masculino: Amostra-I com 10 fotogramas, Palavra: "Don"(Dois)

	Quadro 1	Quadro 2	Quadro 3	Quadro 4	Quadro 5	Quadro 6	Quadro 7	Quadro 8	Quadro 9	Quadro 10
C1	0.219953	0.037933	0.225369	-0.25973	-0.3234	-0.00958	-0.00923	-0.18072	-0.17714	-0.05291

C2	0.216726	0.136731	0.308372	-0.09931	-0.14039	0.067332	0.074584	-0.07064	-0.18989	-0.04238
C3	0.530409	0.17455	0.330751	-0.3146	-0.64425	0.068821	0.096774	-0.25443	-0.22836	-0.06091
C4	0.031289	0.332855	0.671948	-0.6036	0.33632	0.021301	-0.30432	0.150925	-0.32435	0.005124
C5	0.208838	0.466838	0.471092	-0.34407	0.356122	-0.22919	-0.28733	0.048618	-0.44667	-0.01937
C6	0.012599	0.287097	0.733046	-0.74204	0.465119	0.135195	-0.47744	0.362909	-0.32622	-0.12206
C7	0.203183	0.392713	0.644324	-0.32186	0.384198	-0.00177	-0.38236	0.12957	-0.3582	-0.14447
C8	0.002999	0.492388	0.857804	-0.76254	0.619013	0.010824	-0.54426	0.468562	-0.36525	-0.05702
C9	0.382875	-0.08308	0.536393	0.262792	-0.21049	0.300057	0.236961	-0.17923	-0.07741	0.00944
ClO	0.161601	-0.00187	0.159287	-0.01846	-0.17721	0.067982	0.016551	-0.1384	-0.05343	-0.02237
Cll	0.312483	0.12179	0.272749	0.063978	-0.27418	-0.05683	0.000195	-0.21299	-0.13425	-0.0379
C12	0.28449	0.159101	0.16625	0.053964	-0.06476	-0.02947	-0.07001	-0.1026	-0.04677	-0.01773

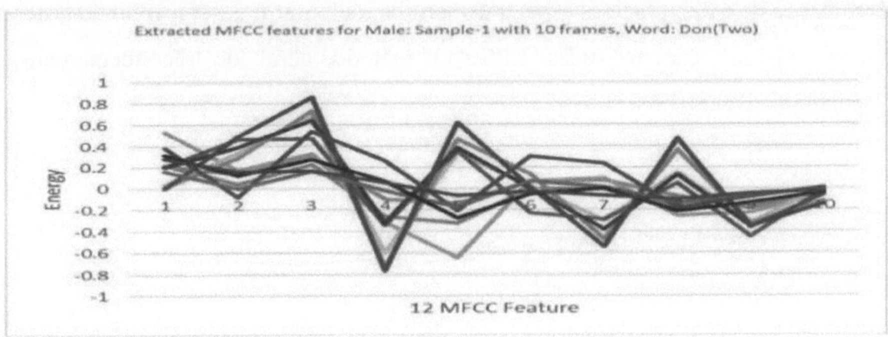

3.2 Análise experimental e resultados

Neste estudo, analisámos o corpus de discurso gaguejado utilizando os coeficientes cepstrais de frequência mel (MFCC). Realizámos a experiência com a nossa própria base de dados de 100 enunciados de actores masculinos e actrizes femininas da base de dados. Treinámos e testámos sucessivamente as amostras de dados. As amostras são registadas utilizando um software de alta qualidade a uma taxa de amostragem de 16 KHz.

3.2.1Reconhecimento de fala gaguejada em Marathi utilizando LPC 3.2.2 Reconhecimento de fala gaguejada com base em LPC

A experiência foi efectuada após o desenvolvimento de bases de dados de fala gaguejada em língua Marathi. Utilizámos a codificação preditiva linear (Linear Predictive Coding - LPC) para a extração de características neste trabalho. O Linear Predictive Coding (LPC)[11,12,13] tem características que transportam certas informações sobre disfluências.

A perceção humana da fala baseia-se nas frequências que são fortes, que têm mais potência. Por isso, o trato vocal é frequentemente descrito em termos das suas frequências de ressonância, também conhecidas como formantes. Estas ressonâncias são devidas aos pólos da função de transferência do trato vocal. Esses formantes são escritos como Fi; onde i representa o número do formante, por exemplo, F1, F2, ..., Fn [15,16,17]. Normalmente, existem quatro formantes na faixa de 0 a 4000Hz da fala humana. Verificou-se que o LPC não é adequado para o reconhecimento da fala e que a combinação de características espectrais permite melhorar o desempenho do sistema utilizando apenas características LPC. O método geral de reconhecimento é apresentado na figura 3.3

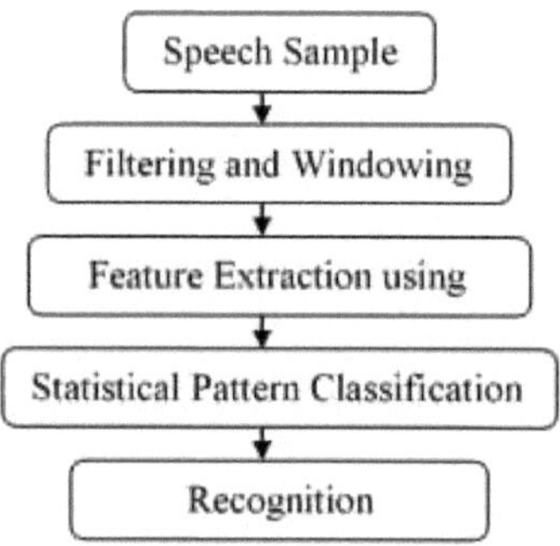

Figura 3.3: Diagrama de blocos do sistema de reconhecimento usando LPC.

Tabela 3.3: Características LPC extraídas para o sexo masculino: amostra I com 10 fotogramas, palavra: "Shunya"

	Quadro 1	Quadro 2	Quadro 3	Quadro 4	Quadro 5	Quadro 6	Quadro 7	Quadro 8	Quadro 9	Quadro 10
C1	-0.46601	0.801578	-0.38107	0.696823	-0.78565	0.323437	-0.7527	0.167294	-0.5729	0.199775
C2	-0.48718	1.00565	-0.34683	0.743931	-0.76167	0.310724	-0.82314	0.03824	-0.6645	0.099437
C3	-0.2076	1.101309	-0.10775	0.686479	-0.59258	0.113736	-0.84879	-0.28619	-0.74351	-0.22275
C4	-1.18554	1.47161	-1.08256	0.829186	-0.96126	0.674337	-0.81843	0.487059	-0.42806	0.350505
C5	-0.90893	1.101783	-0.72883	0.43572	-0.66	0.308329	-0.45691	0.244657	-0.2234	0.222653
C6	-0.79896	1.125612	-0.80069	0.503963	-0.8508	0.293546	-0.5567	0.339264	-0.32011	0.317028
C7	0.375947	0.848063	0.126854	0.176289	-0.51507	-0.21651	-0.66344	-0.30052	-0.56871	-0.18942
C8	0.375947	0.848063	0.126854	0.176289	-0.51507	-0.21651	-0.66344	-0.30052	-0.56871	-0.18942
C9	0.235217	0.891712	-0.00887	0.333314	-0.67714	-0.02387	-0.76662	-0.1288	-0.65896	-0.06236
C10	0.441755	0.656688	-0.10354	0.050455	-0.58855	-0.00669	-0.40842	-0.08718	-0.41588	-0.0893
C11	0.128312	0.484895	-0.02291	-0.10679	-0.57842	-0.308	-0.45378	-0.25538	-0.28458	-0.05823
C12	0.280519	0.411787	-0.12499	0.022064	-0.68145	-0.15187	-0.47939	-0.14939	-0.47409	-0.06722

Tabela 3.4: Características LPC extraídas para o género masculino: amostra I com 10 fotogramas, palavra: "Don"

	Quadro 1	Quadro 2	Quadro 3	Quadro 4	Quadro 5	Quadro 6	Quadro 7	Quadro 8	Quadro 9	Quadro 10
C1	-0.90608	0.711658	-0.91823	0.470417	-0.66096	0.434587	-0.03406	0.312838	-0.08758	0.163012041
C2	-0.56755	0.276497	-0.62948	0.311736	-0.45739	0.309187	-0.1117	0.361637	-0.19265	0.202180701
C3	-0.93367	0.589053	-0.68288	0.325072	-0.66423	0.723384	-0.3898	0.599019	-0.29317	0.251364422
C4	-0.53554	0.418937	-1.00789	0.4574	-0.54558	0.546717	-0.27844	0.345322	-0.3	0.167995265
C5	-0.54621	0.360592	-1.17658	0.702649	-0.68152	0.717276	-0.53342	0.613791	-0.37798	0.356471574
C6	-0.49697	0.437499	-1.11859	0.338494	-0.42133	0.508476	-0.20092	0.340238	-0.16138	0.121191722
C7	-0.56807	0.452992	-1.15083	0.459171	-0.53987	0.569578	-0.33913	0.450927	-0.2105	0.218585004
C8	-0.33826	0.271081	-1.06995	0.195079	-0.31401	0.491455	-0.19609	0.264577	-0.18091	0.103040696
C9	-1.24133	1.055382	-0.73223	0.127329	-0.22211	0.253992	-0.25998	0.275788	-0.20765	0.173050906
C10	-1.3004	1.140747	-0.81133	0.152393	-0.33152	0.536682	-0.55672	0.543246	-0.31557	0.165814417
C11	-1.17446	0.835978	-0.61076	0.249792	-0.54986	0.411164	-0.15284	0.16118	-0.07238	0.154304164
C12	-1.39636	1.145852	-0.9197	0.553781	-0.69399	0.688122	-0.52808	0.40515	-0.25082	0.170774809

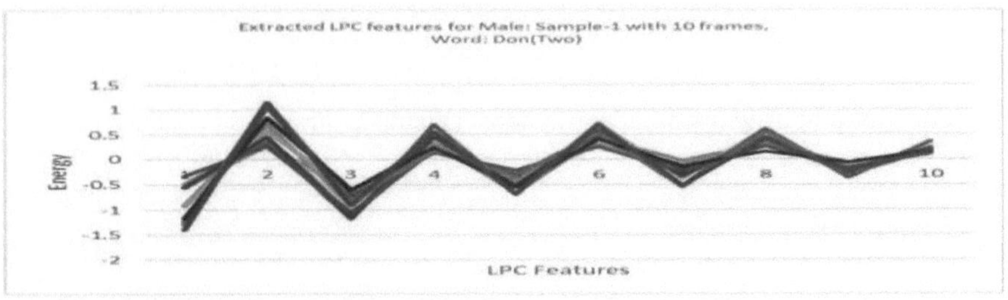

3.2 Matriz de confusão:

Uma matriz de confusão contém informações sobre a classificação efectiva e prevista efectuada por um sistema de classificação. O desempenho desse sistema é normalmente avaliado utilizando os dados da matriz. A tabela seguinte mostra a matriz de confusão para um classificador de duas classes.

As entradas da matriz de confusão têm o seguinte significado no contexto do nosso estudo:

i)   a é o número de previsões correctas de que uma instância é negativa. ii) b é o número de previsões incorrectas de que uma instância é positiva.

iii)   c é o número de previsões incorrectas que uma instância negativa e

iv)   d é o número de previsões correctas de que uma instância é positiva.

Tabela 3.5 Entradas na matriz de confusão

		Previsto	
		Negativo	Positivo
Atual	Negativo	a	b
	Positivo	c	d

Foram definidos vários termos padrão para a matriz de 2 classes:

v)   A Exatidão (AC) é a proporção do número total de previsões que estavam correctas. ft é determinado utilizando as equações.

$$AC = \frac{a+d}{a+b+c+d}$$

vi)   A taxa de recuperação ou de verdadeiros positivos (TP) é a proporção de casos positivos que foram corretamente identificados, calculada através da equação.

$$TP = \frac{d}{c+d}$$

vii)   A taxa de falsos positivos (FP) é a proporção de casos negativos que foram incorretamente classificados como positivos, calculada através da equação.

$$FP = \frac{b}{a+b}$$

Calculamos a matriz de confusão para os números utilizando a fórmula de precisão (AC) explicada na secção anterior. Assim, a precisão total calculada é de cerca de 75,12% para as características MFCC e 82,23% para as características LPC.

Tabela 3.6: Matriz de confusão para as características MFCC

	Shunya	Ek	Não	Lata	Char	Pach	Saha	Sath	Atenas	Nau	Número total de amostras para ensaio	Taxa de reconhecimento
Shunya	16	0	0	0	1	0	0	3	0	0	20	80.00
Ek	1	10	0	2	0	0	0	0	1	2	16	62.50
Não	0	0	15	1	0	1	0	0	0	0	17	88.23
Lata	1	0	0	13	0	2	0	1	0	0	17	76.47
Char	2	0	0	0	8	0	0	0	0	1	11	72.72
Pach	0	3	0	0	0	12	0	0	0	0	15	80.00
Saha	1	0	1	0	3	0	10	0	0	0	15	66.66
Sath	2	0	0	0	0	2	1	11	0	0	16	68.75
Atenas	1	2	0	0	0	0	0	0	16	0	19	84.21
Nau	1	0	1	1	1	1	0	0	0	13	18	72.22

Quadro 3.7: matriz de confusão para as características LPC

	shunya	Ek	Não	Lata	Char	Pach	Saha	Sath	Atenas	Nau	Número total de amostras para ensaio	Reconhecimento Taxa
shunya	15	0	1	0	0	0	0	0	1	0	17	88.23
Ek	1	14	1	0	2	0	0	0	0	0	17	82.35
Não	0	0	11	0	0	2	1	0	0	0	14	78.57
Lata	1	0	0	17	2	0	0	0	0	0	20	85.00
Char	0	1	0	0	12	0	1	0	1	0	15	80.00
Pach	1	0	2	0	0	12	0	0	0	0	15	80.00
Saha	0	1	2	0	0	0	13	0	0	0	16	81.25
Sath	0	1	0	0	0	2	0	13	0	0	16	81.25
Atenas	1	0	0	0	0	2	0	0	14	0	17	82.35
Nau	2	0	0	0	1	0	0	0	0	15	18	83.33

3.3 Análise comparativa

A gaguez é uma das perturbações graves da comunicação oral. Nos últimos 20 anos, tem sido feita muita investigação sobre o reconhecimento e o diagnóstico da gaguez da fala para facilitar o trabalho dos profissionais de saúde. Com base em trabalhos anteriores, há quatro classificadores principais que desempenham um papel importante na classificação dos tipos de disfluências entre gagos e não-gagos. Cada classificador produz precisões diferentes: o LDA e o SVM dão as precisões mais elevadas, 98,04% e 98%, respetivamente, depois o kNN dá 97,45%, o GMM dá 96,43%, o HMM dá 96% e, por último, mas não menos importante, as RNA alcançaram uma precisão de 94,9%.

Concentrámo-nos nos pontos fracos e fortes dos trabalhos anteriores. A taxa de reconhecimento pode ser melhorada utilizando diferentes algoritmos de extração de características como o LPCC (Linear Predictive Cepstral)[18], o k-NN (k-nearest neighbor) ou a análise determinante para aumentar a precisão, o diagnóstico e o desempenho global do sistema de reconhecimento da gaguez. O quadro comparativo seguinte mostra o estudo comparativo.

O reconhecimento das disfluências gaguejadas é um domínio de investigação multidisciplinar, como a patologia da fala, a fisiologia, a psicologia e a análise acústica e de sinais. Com base no trabalho de anos anteriores e recentes, muitos investigadores concentram-se em algoritmos de extração de características e métodos de classificação para desenvolver um sistema de reconhecimento para a deteção automática de eventos gaguejados e o desenvolvimento de uma base de dados de fala para amostras fluentes e não fluentes e características não fonéticas para uma abordagem estatística e análise acústica. A análise da fala gaguejada inclui (a) a duração média da repetição de sílabas sonoras e do prolongamento do som, (b) o número médio de unidades repetidas por instância de repetição de sílabas sonoras e de palavras inteiras, e (c) várias medidas relacionadas com a frequência de todas as disfluências de fala entre palavras e dentro de palavras. Atualmente, a variedade de investigação centra-se na extração de características, na análise acústica, na conceção da experiência e na avaliação do resultado da fala gaguejada. Esta secção apresenta uma pesquisa bibliográfica de trabalhos anteriores que se centram na forma como o reconhecimento automático da gaguez está a ser realizado. A forma como desenvolvem a base de dados, concebem a experiência, avaliam e analisam os resultados, dá uma ideia aproximada das diferentes abordagens existentes na literatura. O Quadro 1.5 está organizado por ordem cronológica de publicação, sendo que a primeira coluna apresenta o primeiro autor da investigação. O ano de publicação na segunda coluna, a terceira coluna para as propriedades das características e a última coluna para a percentagem de reconhecimento.

3.4 Resumo:

Este capítulo aborda a metodologia seguida para a experiência de reconhecimento da fala gaguejada em Marathi, desde o pré-processamento da base de dados de fala desenvolvida até aos diferentes algoritmos de classificação e respectivos desempenhos. A análise da base de dados da fala gaguejada foi efectuada utilizando o Coeficiente Cepstral de Frequência Mel (MFCC)₅ Linear Predictive Coding (LPC). Avaliámos os algoritmos da matriz de confusão para o reconhecimento da fala gaguejada. Foi também estudada a comparação da taxa de reconhecimento (%) para um conjunto selecionado de combinações de conjuntos de características para diferentes tipos de classificadores. Assim, obtivemos uma precisão total calculada em cerca de 75,12% para as características MFCC e 82,23% para as características LPC.

Referências

[1]   Pukhraj P. Shrishrimal₅ "Conceção e desenvolvimento de uma base de dados de palavras isoladas em Marathi faladas para fins agrícolas e sua análise", M.Phil. Computer Science Thesis. maio de 2013.

[2]   Vibha Tiwari, "MFCC and its application in speaker recognition", International Journal on Emerging Technologies, Vol. 1, No. 1, pp. 1922 (2010).

[3]   Wisniewski, M., Kuniszyk-Jozkowiak, W., Smolka, E., & Suszyhski, W. (2007). Deteção automática de fonemas fricativos prolongados com a abordagem de modelos ocultos de Markov. Journal of Medical Informatics & Technologies, 11, 2007.

[4]   Vishal Waghmare, Ratnadeep Deshmukh, Pukhraj Shrishrimal, Ganesh Janvale, "Emotion Recognition System from Artificial Marathi Speech using MFCC and LDA Techniques" in Proc. of Int. Conf. sobre Avanços em Comunicação, Rede e Computação, CNC-2014, Chennai durante 21-22 de fevereiro de 2014. Pg-408-416 Actas publicadas pela Elsevier Science & Technology.

[5]   Chee, L. S., Ai, O. C., Hariharan, M., & Yaacob, S. (2009, dezembro). Deteção automática de prolongamentos e repetições usando LPCC. In Technical Postgraduates (TECHPOS), 2009 International Conference for (pp. 1-4). IEEE.

[6]   Chee, L. S., Ai, O. C., Hariharan, M., & Yaacob, S. (2009, novembro). Reconhecimento baseado em MFCC de repetições e prolongamentos na fala gaguejada usando k-NN e LDA. Em Pesquisa e Desenvolvimento (SCOReD), 2009 IEEE Student Conference on (pp. 146-149). IEEE

[7]   Szymon Drgas, Adam Dabrowski, "Reconhecimento do locutor baseado na análise multinível do sinal de fala no corpus polaco", MCSS 2012, CCIS 287, pp. 85-94, 2012

[8]   Wouter Gevaert, Georgi Tsenov, Valeri Mladenov, Membro sénior, IEEE "Neural Networks used for Speech Recognition", Journal Of Automatic Control, University OfBelgrade, VOL. 20:1-7, 2010.

[9]   Ward, D., Sudden onset stuttering in an adult: Perspectivas neurogénicas e psicogénicas. Journal of Neurolinguistics, 2010;23(5), pp.511-517.

[10] Krishnan, G., Tiwari, S. Revisitando a gagueira neurogénica adquirida à luz da gagueira de desenvolvimento. Journal of

Neurolinguistics,2011,24(3), pp.383-396

[11] Ravikumar, K., Reddy, B., Rajagopal, R., Nagaraj, H. Deteção automática da repetição de sílabas no discurso lido para avaliação objetiva das disfluências gaguejadas. Actas da academia mundial de ciência, engenharia e tecnologia, 2008, 36, pp.270-273.

[12] Subramanian, A., Yairi, E. Identification of traits associated with stuttering. Journal of communication disorders, 2006, 39(3), pp.200216.

[13] Howell, P., Sackin, S., Glenn, K. Development of a Two-Stage Procedure for the Automatic Recognition of Dysfluencies in the Speech of Children Who Stutter. Procedimentos Psicométricos Apropriados para a Seleção de Material de Treino para Classificadores de Disfluência Lexical. Journal of Speech, Language, and Hearing

Research, 1997, 40(5), pp.1073-1084.

[14] Ravikumar, K. M., Rajagopal, R., Nagaraj, H. C. Uma abordagem para a avaliação objetiva da fala gaguejada utilizando características MFCC. ICGST International Journal on Digital Signal Processing DSP, 2009, 9, pp.1924.

[15] Howell, P., Sackin, S., Au-Yeung, J. Assessment procedures for locating stuttered events, Proceedings of the Second World Congress on Fluency Disorders, 1998.

[16] Ravikumar, K. M., Rajagopal, R., Nagaraj, H. C. Uma abordagem para a avaliação objetiva da fala gaguejada utilizando características MFCC. ICGST International Journal on Digital Signal Processing DSP, 2009, 9, pp.1924.

[17] Chee, L. S., Ai, O. C., Hariharan, M., Yaacob, S. (2009, novembro). Reconhecimento baseado em MFCC de repetições e prolongamentos na fala gaguejada usando k-NN e LDA. Conferência de Estudantes do IEEE sobre Investigação e Desenvolvimento (SCOReD), 2009, pp. 146-149.

[18] Ai, O.C., HariharanM., Yaacob, S., Chee, L.S. ClassificationofSpeech Dysfluencies with MFCC and LPCC features. Journal of Expert Systems with Applications,2012,39(2),pp.2157-2165.

Printed by Books on Demand GmbH, Norderstedt / Germany